T0278273

Viviendo con perros y niños

Una guía parental para gestionar la convivencia familiar y aprovechar la influencia positiva de las mascotas en el desarrollo de los niños

Viviendo con perros y niños

Una guía parental para gestionar la convivencia familiar y aprovechar la influencia positiva de las mascotas en el desarrollo de los niños

COLLEEN PELAR

Pinolia

Título original: *Living with dogs and kids*

Traducción del inglés: Equipo Pinolia

Primera edición: octubre de 2022

www.editorialpinolia.es
editorial@editorialpinolia.es

Maquetación: Marta García

Diseño cubierta: Alvaro Fuster-Fabra

Depósito legal: M-19154-2022
ISBN: 978-84-18965-46-3

Impresión y encuadernación: QP Quality Print Gestión y Producción Gráfica S. L.

Printed in Spain - Impreso en España

ÍNDICE

CAPÍTULO 1

SHUTTERSTOCK

Niños y perros: se puede vencer el caos

Los niños y los perros van juntos como la tarta de manzana y el helado de vainilla o las galletas y la leche. Esperamos que los niños y los perros se lleven bien y sean mejores amigos, y por eso nos preguntamos por qué alguien necesitaría un libro sobre la convivencia con niños y perros.

Una vez que pruebas a tener a ambos bajo el mismo techo, sabes la verdad: vivir con niños y perros en el mismo hogar no siempre es fácil. Y la mayoría de los libros no ayudan mucho. Los libros de crianza dicen «controla a tu perro». Los libros de adiestramiento de perros dicen «controla a tu hijo». La realidad es mucho más compleja y va mucho más allá de culpar a los niños o a los perros por ser como son.

Cada año, casi 2,8 millones de niños sufren una mordedura de perro. Los niños son mordidos casi dos veces más que las niñas, y los niños de entre cinco y nueve años son los que corren más riesgo. La mayoría de estas mordeduras provienen de un perro que pertenece a la familia o a un amigo.

Los padres pueden hacer mucho para fomentar una relación fuerte y cariñosa entre sus hijos y su perro. Es, simplemente, una cuestión de educación. Hacemos lo mejor que podemos con lo que sabemos. Cuanto más sabemos, mejor lo hacemos. ¡Mejorémoslo!

QUÉ HACE QUE ESTE LIBRO SEA IMPORTANTE

Hay muchos libros sobre cómo preparar a su perro para la llegada de un nuevo bebé, pero ¿por qué necesitaría alguien un libro sobre cómo preparar a un perro para vivir con un niño mayor, o viceversa?

Pensemos por un momento en algunas estadísticas. Según los Centros de Control de Enfermedades[1], aproximadamente la mitad de los niños menores de catorce años han sufrido mordeduras de perro. Los niños de entre cinco y nueve años son los que corren más riesgo de sufrir una mordedura de perro. La mayoría de los perros que muerden tienen entre dos y cuatro años. Haga las cuentas. Con los libros que solo abordan la introducción de un perro adulto a un bebé nos centramos en la relación niño-perro menos peligrosa.

Las historias de perros sueltos que muerden a los niños acaparan la atención de los medios de comunicación. Como consecuencia, la mayoría de la gente cree que los perros sueltos suponen el mayor riesgo y que las mordeduras de perro son accidentes imprevisibles y extraños. Por desgracia, estas creencias no son ciertas: aproximadamente el 61 % de las mordeduras de perro a niños provienen de un perro que pertenece a la familia del niño o a un amigo.

Debemos centrarnos en lo que podemos hacer en nuestros hogares para mejorar la relación entre nuestros hijos y nuestros perros, una información que falta tanto en los libros de crianza como en los de adiestramiento de perros. Pocos libros de cualquiera de los dos

1 Los Centros para el Control y Prevención de Enfermedades (en inglés, Centers for Disease Control and Prevention, o por sus siglas, CDC) es la agencia nacional de salud pública de Estados Unidos. Es una agencia federal norteamericana que está bajo la dirección del Departamento de Salud y Servicios Humanos1 y tiene su sede en Atlanta (Georgia).

géneros hacen algo más que mencionar casualmente que los padres deben supervisar. Los padres intentan supervisar, por supuesto que sí, pero no tienen toda la información que necesitan para hacer el trabajo bien. Por eso este libro es importante.

NO ES TAN FÁCIL COMO PARECE

Aunque los perros sean «el mejor amigo del hombre», las dos especies difieren profundamente entre sí. Los perros consideran que algunos comportamientos humanos son groseros, y los humanos ven algunos comportamientos caninos igualmente inaceptables. Aprender más sobre estas diferencias —especialmente sobre el comportamiento de los perros— puede ayudar a los padres a evitar percances.

Los niños buenos y los buenos perros pueden tener problemas por falta de comunicación. Supongamos que tus hijos y unos cuantos amigos están jugando al pilla-pilla en tu patio y dejas a tu border collie, Streak, salir a jugar. Este empieza a acorralar a los niños, posiblemente incluso a morderles los tobillos. ¿Está siendo agresivo? No, simplemente está haciendo aquello para lo que fue criado: acorralar a un rebaño de ovejas y llevarlas a un lugar. Pero, al igual que tú y los niños no entendéis lo que hace Streak, el perro tampoco se da cuenta de lo que está pasando. Puede alarmarse porque las «ovejas» —en este caso sus hijos— gritan y salen corriendo en direcciones aleatorias. El perro tiene que entender que este comportamiento es común —y normal— en los niños.

Este tipo de malentendidos se producen a diario: un perro considera que saltar forma parte de un saludo normal y amistoso, pero ese saludo puede asustar o incluso herir a un niño. Del mismo modo, los abrazos son una muestra de afecto humano, pero hacen que el perro se sienta atrapado y ansioso.

Entonces, ¿quién va a tener que meterse en medio y resolver las cosas? Tú. No tiene por qué ser una mentalidad de «nosotros contra ellos», sino que puedes enseñar a tus hijos a relacionarse con los perros y puedes enseñar a tu perro a entender a los niños con suavidad, sin fuerza ni furia.

El adiestramiento de perros se parece mucho a la crianza de los hijos

En las sesiones de orientación que hago en mis clases grupales de adiestramiento de perros, hablo de las técnicas que las familias van a utilizar para desarrollar relaciones sólidas con sus perros y fomentar el buen comportamiento. Invariablemente, alguien pregunta: «¿esto también funciona con los niños?».

Vivir con niños y perros no siempre es fácil, pero los beneficios superan los desafíos

La respuesta es un sí rotundo. Los métodos de adiestramiento ayudan a los perros, los recompensan por su buen comportamiento y fomentan la comunicación bidireccional, igual que hacemos nosotros como padres. Utilizamos técnicas de gestión para mantener a nuestros hijos seguros de sus travesuras y del peligro. Desarrollamos relaciones en las que nuestros hijos nos respetan y siguen las instrucciones (¡la mayoría de las veces!), pero no nos temen.

Los niños y los perros son egocéntricos y siempre hacen lo que les conviene. Eso está bien, y si hacemos que las cosas sean divertidas, podemos enseñarles a ambos lo que necesitan saber. Las expectativas claras y las normas coherentes funcionan mejor a largo plazo.

Preocupación por la seguridad

Muchos padres me dicen: «¡Si mi perro llega a morder a mi hijo, se va de casa!». ¡Si sucede eso ya es demasiado tarde! Hay muchos signos de alerta temprana que hay que saber identificar para evitar que se produzcan mordeduras de perro.

Al enseñar a los niños mejores formas de interactuar con los perros les damos poder

En casi todos los episodios del programa de televisión *America's Funniest Home Videos* aparecen vídeos que me aterran: los padres filman alegremente incidentes en los que los perros gruñen a los niños, los arrastran cogidos de la ropa, o se quedan congelados y rígidos mientras toleran algo que los niños están haciendo. ¡Qué horror! Con un poco más de provocación, esos perros podrían morder a los niños fácilmente. Pero con un poco más de información, estos padres sabrían que, en lugar de filmar esas escenas, deberían detenerlas.

Es fundamental que defienda a su hijo y a su perro. Si permite que el comportamiento problemático continúe, la relación entre su hijo y los perros (todos los perros) se verá perjudicada. Su hijo puede incluso desarrollar un miedo de por vida a estos animales. A menudo imparto talleres de prevención de mordeduras en centros de preescolar y escuelas primarias donde me encuentro con muchos niños que tienen miedo de acercarse a mi perro. Es muy triste.

Puedes dar a tus hijos las habilidades que necesitan para ser amigos seguros y amables de los animales. A su vez, recibirán todo el amor y el cariño que los perros pueden proporcionarles.

Las tres claves del éxito

Las tres cosas más importantes en las que centrarse son la relación, la gestión y la formación.

1. Relación

La relación es la primera razón por la que adquirimos perros. Queremos que sean miembros cariñosos de nuestras familias, queremos disfrutar del tiempo que pasamos con ellos y de compartir nuestras vidas a su lado y queremos que sientan lo mismo por nosotros. Para tener una buena relación con alguien debemos ser capaces de comunicarnos, y el otro debe ser capaz de comunicarse con nosotros. Muchas personas creen erróneamente que la comunicación entre una familia y su perro solo es de una manera: hay que decirle al perro lo que tiene que hacer. Eso es solo la mitad de la ecuación: para que haya equilibrio, el perro debe ser capaz de responder y *hablar* con nosotros. Cuando Streak sea realmente un miembro de su familia, cada persona tendrá una relación única y especial con él y él con ellos. Dedica tiempo para escuchar a tu perro: realmente tiene mucho que decir si le das la oportunidad.

2. Gestión

Los padres utilizan la gestión todo el tiempo para evitar que surjan problemas: no siempre los vemos venir, pero después es fácil ver qué salió mal. Una de las cosas más útiles que puede hacer un padre es analizar los problemas y crear un plan de juego para evitar que se repitan.

- ¿Por qué Shawn se empezó a quejar a las cinco y cuarto de la tarde? Probablemente tenía hambre, así que mañana prueba a darle un pequeño tentempié a las cuatro para que se entretenga hasta la cena.
- ¿Por qué Streak salta y coge cosas de la encimera? Porque hay comida a su alcance. Intenta mantener la comida guardada en los armarios superiores.
- ¿Por qué Streak evita a Samantha? Porque Samantha intentaba ponerle un lazo en la cola. Darle a Samantha un perro de peluche para que juegue a disfrazarse puede ayudar a redirigir la energía de la niña.
- ¿Por qué Streak corre por la casa, tira las cosas y muerde las sillas de la cocina? Necesita más ejercicio. Dale una salida a toda esa energía y estará más tranquilo en la casa.

La mayoría de los problemas que encuentran los padres pueden resolverse mediante la formación, pero muchísimos pueden evitarse mediante su gestión. Te toca decidir dónde quieres concentrar tu energía.

Los capítulos siguientes ofrecen muchas sugerencias específicas para manejar situaciones y evitar problemas. En el capítulo 5 se analizan los equipos —como las puertas para bebés y los arneses para caminar— que pueden ayudar en el día a día.

3. Formación

Soy adiestradora de perros, así que reconozco absolutamente el poder y el beneficio del adiestramiento. Pero también creo que el adiestramiento ocupa el tercer lugar entre las tres claves del éxito.

Una vez has construido una relación sólida y cuentas con buenas habilidades de gestión, el entrenamiento del perro se convierte en una diversión, no en otra carga en tu lista de «cosas por hacer»

Los padres están ocupados y los perros pueden dar mucho trabajo. Si nos centramos primero en desarrollar una relación sólida y luego buscamos la manera de evitar problemas, tener un perro será más agradable. Esto es muy importante: si los padres no disfrutan teniendo a Streak cerca, si se convierte en «más un problema que otra cosa», surgirán toda serie de nuevos problemas.

Busca a un entrenador que ofrezca clases divertidas y que acepte la participación de la familia, porque es importante que toda la familia aprenda a interactuar con Streak, no solo tú. Por eso debes evitar el adiestramiento basado en la confrontación o el uso de la fuerza: aunque puedas imponerte físicamente a tu perro para que se comporte, tu hijo no puede ni debe hacerlo.

Los métodos modernos de adiestramiento —aplicados correctamente— funcionan bien para todos. Estos métodos se basan en recompensar al perro por hacer lo correcto y redirigirlo o ignorarlo cuando hace lo incorrecto. Así permites que Streak escuche y responda a las señales que tanto tú como tus hijos le dais. Sin embargo, dado que los niños son inconsistentes y todavía están aprendiendo, no debe exigir a Streak el mismo nivel de obediencia con sus hijos que con usted mismo.

SOBRE EL LIBRO

Como puede ver, este libro no se centra exclusivamente en el adiestramiento de perros. Existen muchos libros excelentes sobre adiestramiento de perros, pero ninguno de ellos proporciona la información que un padre necesita para fomentar las relaciones afectivas entre sus hijos y su perro.

Este libro hace mucho más que decir a los padres que supervisen a sus hijos cuando están cerca de los perros o viceversa: ofrece consejos fáciles de aplicar y descripciones claras del comportamiento normal entre niños y perros. He organizado el libro para cubrir todo lo que encontrará en el día a día de sus hijos y su mascota:

- En el capítulo 2 se explica qué hay que buscar en un buen perro de compañía.
- El capítulo 3 detalla la prevención de mordeduras y el lenguaje corporal canino.
- En el capítulo 4 se analizan algunos problemas de comportamiento que pueden ser difíciles de tratar en un hogar con niños.
- En el capítulo 5 se enumeran algunos equipos que pueden resultar útiles, así como algunas cosas que tal vez quieras evitar.
- Los capítulos 6 a 9 cubren rangos de edad específicos de los niños: bebés y niños pequeños, preescolares, estudiantes de primaria y adolescentes.

- El capítulo 10 es el más triste: ayudar a tu hijo a enfrentarse a la vida sin tu perro.

Cada capítulo nombra a un niño y a un perro. Como los niños y los perros pueden ser de sexo masculino o femenino, he alternado los géneros en cada capítulo. Para simplificar y facilitar la lectura, en la mayoría de los casos asigné al niño un género y al perro el otro.

Resumen para los cansados

¿Demasiado cansado para leer todo el capítulo? Lea aquí los puntos más destacados. Cada capítulo termina con una versión resumida de los puntos más importantes. Estos son los temas que deberías sacar de este capítulo:

Vivir con niños y perros no siempre es fácil, pero puede ser una gran recompensa.

Hay muchos paralelismos entre la crianza de los hijos y la de los perros.

La relación, la gestión y el adiestramiento son las claves del éxito en la convivencia entre niños y perros.

Debes actuar como defensor tanto de tu hijo como de tu perro para garantizar que todas las interacciones sean seguras, amables y divertidas.

Capacitamos a nuestros hijos y los mantenemos más seguros enseñándoles las mejores formas de interactuar con los perros.

CAPÍTULO 2
MEJOR AMIGO O MALA ELECCIÓN: EL PERRO ADECUADO PARA SU FAMILIA

SHUTTERSTOCK

¿Deberíamos tener un perro?

Casi todos los padres tienen que responder a esa pregunta tarde o temprano. La respuesta implica una decisión muy importante que no debe tomarse a la ligera.

Vivir con un perro es un compromiso a largo plazo, pues implica tener a otro miembro de la familia que vive, respira, come y ensucia. Al igual que no hay dos personas iguales, tampoco hay dos perros iguales. Debes tener en cuenta qué características puedes soportar en un perro y cuáles no.

La primera y más importante pregunta que hay que responder es: ¿por qué querríamos añadir un perro a nuestra familia? No hay una respuesta perfecta a esta pregunta. Las mejores respuestas tienen que ver con el disfrute de pasar tiempo con los perros y el amor por la compañía que proporcionan.

¿Quieres un perro? Responde con sinceridad. Hay una gran diferencia entre querer un perro y querer tener un perro para tus hijos. Los padres deben asumir la máxima responsabilidad de cualquier mascota, y un perro supone mucho más trabajo que un hámster. Asegúrate de que estás dispuesto a dedicar el tiempo, el dinero y la energía necesarios para tener un perro, de modo que no acabes sintiéndote un mártir cuando las tareas de su cuidado recaigan inevitablemente en ti. No te dejes engañar por las caras de seriedad de tus hijos ni por sus promesas de cuidar del perro. No te equivoques: independientemente de lo que digan ahora, tú serás quien se encargue de satisfacer las necesidades de Sombra.

Los perros dan mucho trabajo y pueden costar mucho dinero. Los estudios actuales indican que tener un perro cuesta entre quinientos y mil dólares al año. Debes tener en cuenta todas las tareas y los costes asociados a un perro, como la comida, los paseos, la limpieza, el aseo, el veterinario, las camas, los juguetes y los posibles daños por accidentes al masticar o domésticos y mil complicaciones que puedan aparecer.

Los niños no tienen ni idea de lo que requiere convivir con un perro y ser responsable de él. Por supuesto, tendrán asignadas responsabilidades en el cuidado del perro, pero ten en cuenta que tendrás que ir detrás para asegurarte de que todas las tareas se realizan, al igual que hiciste con todas las demás habilidades que debían dominar. Y no les digas a los niños que, si no se ocupan del perro, te desharás de él. Esas amenazas suponen una carga injusta para tus hijos. Piensa en todos los años que pasarán contando a su psicoterapeuta cómo sus padres regalaron a Sombra porque se olvidaban de llenar su cuenco de agua.

¿Tiene tu familia alguna circunstancia especial que deba tenerse en cuenta? Si tiene las manos ocupadas cuidando a tres niños menores de seis años, ¿estás preparado para asumir más trabajo? ¿Alguno de tus hijos tiene necesidades especiales que puedan hacer que tener un perro sea más difícil? ¿Tienes un horario activo que te mantiene alejado de la casa durante muchas horas al día? Analiza detenidamente cómo afectará a tu vida la incorporación de un perro a su familia.

Si aún no tienes un perro, lo mejor es esperar a que tu hijo menor tenga al menos cinco años: los niños por debajo de esta edad no entienden realmente cómo ser justos y amables con los perros, sino que son sus padres quienes deben modelar el comportamiento adecuado y supervisar de cerca todas sus interacciones con las mascotas de la familia.

¿No puedes vivir sin un perro? Yo tampoco. Pero entiende que estás eligiendo un perro por tus propias razones, no por los niños. Tiene que ser un perro seguro para tus hijos, por supuesto, pero estás eligiendo tener un perro porque quieres un perro. A menudo le he dicho a la gente: sé que la vida podría ser más fácil sin un perro pero, para mí, nunca podría ser mejor sin uno.

¿QUÉ RAZA DE PERRO DEBERÍAMOS TENER?

Cuando me preguntan qué raza de perro recomiendo a las familias con niños pequeños, suelo responder: «Lo que quiera mamá». Sé que eso es sexista, pero la pregunta es mucho más difícil de lo que parece: muchas madres acaban cargando con la mayor parte de las tareas del perro (y también recogiendo la mayor parte de sus cacas). Si ella quiere un perro «pequeño, blanco y esponjoso» y los niños quieren uno «grande y bullicioso», hay que ser realistas.

He conocido a algunas madres maravillosas que venían regularmente al entrenamiento con los perros que sus hijos elegían. Una familia especialmente memorable tenía un pitbull llamado Lester. Lester era un animal adorable, pero también fuerte y bobo. Uno de los hijos adolescentes de Tammy lo había traído a casa y le pidió quedarse con él. Tammy era muy diligente a la hora de asistir a las clases: la veíamos cada semana mientras aprendía a manejar a este perro saltarín que tenía muy poco autocontrol, pero nunca conocí a ninguno de sus cuatro adolescentes, ni siquiera al hijo de dieciocho años que era, oficialmente, el dueño de Lester.

Otra madre venía a clase con sus dos hijos pequeños y la mezcla de labrador retriever de la familia, Nelly. En casa, Nelly era suave, tranquila y amable. En presencia de otros perros, como en la consulta del veterinario y en los paseos, se mostraba acelerada, ladradora y propensa a abalanzarse sobre cualquier otro perro que encontrara. Los hijos de Cathy, que tenían muy buenos modales, esperaban en la oficina durante la clase, porque no era seguro que estuvieran cerca de su madre mientras ella aprendía a ayudar a Nelly con sus problemas de agresión entre perros. Cathy me dijo que había pensado en renunciar a Nelly, pero también sabía que eso entristecería a sus hijos. Tenía razón, pero eso la ponía en una clara mala posición.

A la hora de elegir un perro para su familia, la raza no es necesariamente el mejor factor en el que fijarse: los perros de raza mixta suelen ser más sanos tanto física como emocionalmente que muchos perros de raza pura. Piense en su «perro perfecto»: ¿cómo se comporta? ¿Coincide esta imagen con los «perros perfectos» elegidos por el resto de su familia? Pide a todos los miembros de tu familia que escriban las tres características más importantes para ellos (por ejemplo, que sea amistoso, enérgico, grande, pequeño, compañero de correr, mullido, adorable o de pelo corto). A continuación, compara y reduce la lista para identificar las tres o cuatro características más importantes para todos.

Busca un perro que reúna muchos de los criterios de su lista de deseos de comportamiento. Prepárate para hacer concesiones en cuanto a la raza y las características físicas. El perro perfecto para ti puede venir en un «paquete» muy diferente al que esperabas. No se trata de un concurso de belleza, sino de un concurso de personalidad. Quieres a *miss* Simpatía, no a *miss* La Mejor del Espectáculo. Al final, querrás a un perro que se adapte bien a su familia, no al que tenga el aspecto que crees que debería tener.

Es mucho mejor buscar rasgos de comportamiento específicos que elegir un perro basándose en la reputación de su raza

Cuando hablo con las familias sobre la elección de un perro, suelo hacer un paralelismo con mi familia. Tengo tres hijos que tienen los mismos padres, la misma casa, las mismas reglas, la misma comida, el mismo entorno... todo es exactamente igual. Por lo tanto, debería tener tres hijos muy parecidos, ¿verdad? Ni de lejos. Mis hijos abarcan toda la gama, desde extrovertidos hasta un poco tímidos y bastante introvertidos. ¿Cómo puede ser esto?

La respuesta es el temperamento. Los genes desempeñan un papel importante a la hora de determinar el temperamento de un perro y las múltiples formas en que los genes pueden combinarse garantizan que cada camada de cachorros abarque el mismo espectro de comportamiento que mis hijos. El hecho de que una raza tenga la reputación de ser buena con los más pequeños no garantiza que todos los cachorros de esa raza sean igualmente amigables con los niños. En otras palabras: no puedes elegir cualquier cachorro de la camada y asumir que se adaptará bien a tu familia. Debes evaluar cada cachorro individualmente para determinar cuál es el mejor temperamento para su familia.

Qué buscar en un buen perro de compañía

Hace tiempo asistí a una conferencia sobre adiestramiento de perros en la que la ponente dijo: «No existe el perro perfecto». Esto inició un poco de murmullo en la audiencia que ella interrumpió diciendo: «Oh, sé que algunos de ustedes piensan que tienen el perro perfecto, pero les garantizo que ese perro tiene más de cinco años y han aprendido a comprometerse». Muy cierto.

Elegir un perro de compañía es muy parecido a elegir un nuevo hogar. Puede que le guste la cocina de una casa, el patio de otra y la ubicación de una tercera, pero no puede ensamblar las piezas en la casa de sus sueños. Hay que mantener algunos compromisos.

Aquí tienes una lista de características «imprescindibles» para tu perro:

- Amigable y social
- No guardará comida, juguetes u otros objetos
- Su nivel de energía será compatible con el de tu familia y con la cantidad de tiempo que podéis pasar con el perro

Puedes transigir en algunos otros aspectos, pero el perro perfecto para ti puede no ser en absoluto lo que imaginabas inicialmente.

Solo para extrovertidos

Un buen perro de compañía ama a las personas, especialmente a los niños. No es nada exagerado, sino el rasgo más importante que hay que buscar. Si Sombra ama a la gente, entonces asumirá que alguien que le pisa la cola lo hizo accidentalmente, no para atacarlo. Los niños en particular necesitan este beneficio canino de la duda. Ocasionalmente, los niños harán deliberadamente algo desagradable a Sombra. En estos casos, consulta el capítulo correspondiente a la edad para obtener consejos sobre cómo manejar la situación.

Un buen perro de compañía ama a las personas, especialmente a los niños

Los accidentes ocurren a menudo. A mis hijos se les han caído cosas encima de mi perro, se han caído sobre él, le han pisado los dedos de los pies y la cola, le han tirado juguetes que le han golpeado «sin querer», han conducido coches de radiocontrol hacia él y han saltado sobre él cuando corrían por la casa. Ninguna de esas cosas fue una agresión intencionada al perro, pero ocurrieron. Y ocurrieron en un hogar en el que la madre supervisaba activamente y hacía hincapié en la equidad con el perro.

¿Le parece una lista extrema? Probablemente no, si eres padre de un niño de cinco años o más. La realidad es caótica, desordenada y ruidosa. Querrás un perro que pueda manejar todo esto con aplomo.

Los buenos niños y los buenos perros seguirán teniendo malentendidos, todos los días.

No hay vigilancia de los recursos

Muchos perros codician objetos que valoran, como la comida, los juguetes o los mordedores. Se ciernen sobre ellos, se quedan inmóviles, miran fijamente, gruñen, chasquean o incluso muerden si se les intenta quitar esos objetos. Hasta cierto punto, esto puede considerarse un comportamiento normal —los animales necesitan proteger sus fuentes de alimento para sobrevivir—, pero sus reacciones varían mucho. Los mejores perros de familia se entregarán fácilmente a cualquier cosa que tengan en su poder.

La vida familiar está llena de sucesos inesperados. Hace poco, mi hijo Brandon puso el plato de Gordo junto a la puerta de cristal de la terraza, no muy lejos de donde yo estaba trabajando con el ordenador. Gordo estaba comiendo felizmente a la vista de los niños del barrio cuando, de repente, Brandon decidió abrir la puerta para dejar que un nuevo vecino de cinco años acariciara a Gordo.

«Brandon, no dejes que nadie acaricie a Gordo mientras está comiendo», le pedí. Y entonces Brandon soltó la puerta, cogió el cuenco de la comida y lo acercó a mi escritorio. Gordo se limitó a seguirlo, feliz de ser alimentado dondequiera que apareciera la comida e independientemente de quién pudiera estar tocándolo en ese momento.

Podría haber sido una situación en la que dos niños pequeños acabaran con una mordedura. Fue un fallo de gestión por mi parte; simplemente no había previsto que Brandon abriera la puerta y, aunque sabe que no debe mover el cuenco mientras Gordo está comiendo, en este caso se olvidó. Suceden muchas cosas que uno no prevé. Nunca había sucedido antes, así que nunca lo habíamos discutido. Pero no pasó nada malo porque Gordo no gruñe ni muerde por la comida. Qué suerte para todos nosotros.

Por esto es necesario un perro con buenas habilidades sociales y que no tenga problemas de protección de recursos. En el capítulo 4 se habla con más detalle de la protección de recursos.

NIVEL DE ENERGÍA

Algunos perros son adictos al sofá, mientras que otros parecen funcionar solo a gran velocidad. ¿Cuál es el nivel de actividad de tu familia? ¿Estáis en perpetuo movimiento o sois más aficionados a los juegos de mesa? Asegúrate de buscar un perro cuyo nivel de energía coincida con el tuyo.

Todas las razas de perros se crearon para cubrir necesidades específicas: cuidar el ganado, vigilar la propiedad, olfatear presas, recuperar aves y matar roedores, por nombrar algunas. Muchos de estos perros viven para trabajar y necesitan un reto. Pregunta si el perro procede de «líneas de campo» o de «líneas de exposición». Los perros con antecedentes de campo suelen ser mucho más activos que sus hermanos de exposición. Dentro de una misma raza, puede haber grandes diferencias.

Conozco a tres labradores —Sabre, Denver y Gordo— que tienen distintos niveles de actividad. Sabre camina unos diez kilómetros al día y juega con una pelota durante horas. Denver disfruta de una hora de paseo, natación o *footing* al día, y juega a recuperar una pelota durante más de una hora diaria. A Gordo le gusta dormir la siesta y de vez en cuando corre detrás de otros perros en busca de una pelota. ¿Qué perro sería mejor en su casa? Habla con el criador, el personal del refugio o el voluntario de rescate sobre el nivel de energía del perro que está considerando.

Incluso si te toca un perro que parece «hiperactivo», hay cosas que puedes hacer. Es habitual que la gente diga que su perro tiene un trastorno por déficit de atención/hiperactividad (TDAH) y yo les creo. Pero, en muchos de esos casos, el problema puede resolverse alimentando al perro con una comida de alta calidad que no incluya maíz, proporcionándole el ejercicio adecuado y recompensando al perro por su comportamiento tranquilo.

A veces digo en broma que me gustaría jugar a un juego de mezclas con algunos de los perros y familias que vienen a mis clases. Veo muchos perros de bajo perfil en hogares de mala muerte y demasiados perros muy vitales que viven con personas poco activas. Mi tonta fantasía es reorganizar algunas de estas parejas. En muchos casos, creo que tanto las familias como los perros serían más felices con la pareja que mejor se adaptara.

Perros pequeños, grandes preocupaciones

Evite adquirir un perro muy pequeño para una familia con niños. Los perros de menos de seis kilos son frágiles y demasiado fáciles de coger para los niños. Los niños tienen la tentación de llevar a estos perros como si fueran juguetes. No permitas que tus hijos cojan o lleven a ningún perro. En su lugar, haz que se sienten en el suelo y anima al perro a subir a su regazo.

Cuando se lleva a los perros en brazos, a menudo estos se sienten inseguros e inestables, por lo que pueden retorcerse y tratar de escapar. Si su hijo pone a Sombra en el suelo cada vez que se retuerce, el perro está aprendiendo que estar en brazos le hace sentir inseguro y que la resistencia activa es la mejor defensa. Con el tiempo, esto podría provocar que Sombra intentara morder cada vez que lo cogen.

No dejes que se inicie este patrón de comportamiento. Crea una norma familiar según la cual solo los adultos pueden coger en brazos al perro, independientemente de su tamaño.

¿Adulto o cachorro?

La mayoría de la gente piensa en tener un cachorro, pero hay muchas buenas razones para considerar un perro mayor. Tendrás que decidir qué es lo mejor para tu familia.

Los cachorros son bonitos, divertidos y dan muchísimo trabajo. Para empezar, hay que educar al cachorro en casa, inhibir sus mordeduras, ponerlo a prueba y socializarlo. La socialización —el proceso de ayudar a tu cachorro a sentirse cómodo con las visitas, los sonidos y otras experiencias de la vida con los seres humanos— es tu trabajo más importante.

Intenta dar a tu cachorro tantas experiencias nuevas como sea posible para que se sienta cómodo en cualquier entorno a medida que vaya creciendo. Utiliza muchas golosinas para mantener a tu cachorro feliz y seguro, y ten cuidado de no abrumarlo con demasiadas cosas demasiado pronto. Asegúrate de que conozca al menos a cien personas cuando tenga dieciséis semanas, desde bebés hasta personas mayores. Esto le ayudará a ser amigable y social durante toda su vida.

Con un cachorro, también tendrás que encargarte de enseñarle la inhibición de la mordida y el adiestramiento en el hogar. Estos temas se tratan en los capítulos 3 y 4 (véase también el capítulo 5 para obtener información sobre la protección de los cachorros).

Con los perros mayores lo que se ve es lo que hay, en su mayor parte. Puedes ver cómo reaccionan ante los niños, otros perros, gatos, ruidos inusuales, etc. Muchos perros adultos ya están educados en casa. A menudo, la gente se preocupa de que estos perros sean de alguna manera «mercancías dañadas», algo que no es cierto para muchos de los perros de los refugios y grupos de rescate. A veces, los perros se entregan por razones que no tienen que ver con su comportamiento, como un divorcio, una mudanza, el aumento de los horarios de trabajo y las alergias. Hay innumerables perros maravillosos que necesitan un buen hogar. Tómese su tiempo para encontrar el perro adecuado para su familia: es una decisión a largo plazo.

Pregunta a sus amigos y vecinos dónde consiguieron a su perro, quién es su veterinario y qué adiestrador utilizan, y luego pregunta si están satisfechos con los servicios de cada uno. Los trabajadores de los refugios, los criadores, los veterinarios y los adiestradores pueden ayudarte a decidir qué rasgos de comportamiento se adaptan mejor a las necesidades de tu familia. Dales la oportunidad de ayudarle *antes de* adquirir un perro, para que nunca desees jugar a mi juego de mezclar y combinar.

Esterilización de su mascota

Siempre es una buena idea esterilizar a tu perro. Este procedimiento tiene muchos beneficios para su salud y comportamiento, le ayuda a disminuir la agresividad, el vagabundeo y el marcaje (es decir, orinar en todas las superficies verticales), y previene el cáncer en los órganos reproductores.

Los buenos perros de la familia valen su peso en oro

En el caso de los perros macho, la esterilización reduce en gran medida la incidencia del marcaje, el vagabundeo y la monta (exhibiciones previas al apareamiento). También hay que tener en cuenta que los machos no esterilizados son los que más muerden a los niños. No merece la pena el riesgo.

Ya tienes una vida muy ocupada. ¿Realmente quieres añadir las complicaciones de cuidar a tu perro durante el embarazo y las ocho semanas de cachorro? El milagro del nacimiento está muy bien, pero la reacción de la mayoría de los niños es: «qué asco». Luego, ocho semanas después, están tan unidos a los cachorros que apenas soportan verlos partir.

Evaluación del perro que ya tienes

La mayoría de las familias que veo ya tienen un perro. Muchas parejas adoptan un perro unos años antes de planear tener hijos. Estos perros necesitan ayuda para adaptarse a los grandes cambios que suponen los niños.

Otra situación habitual es que las familias adquieren un perro cuando su hijo menor entra en el preescolar o la guardería. Los padres quieren que sus hijos crezcan con este animal y ahora tienen suficiente energía para considerar la posibilidad de añadir uno a la familia.

Son dos escenarios muy diferentes: yo viví los dos. Cuando nació mi primer hijo, teníamos un *golden retriever* de dos años. Midas era una perra alegre, sociable y que se emocionaba con facilidad (también comía comida de mala calidad, pero entonces no lo sabía). Aunque adoraba a mi hijo (y a los dos que le siguieron), era muy consciente de que la vida había cambiado y, a veces, no necesariamente para bien.

Siempre estaba en medio de todo lo que pasaba: olfateaba las migas de galletas en los zócalos, metía la nariz en los cubos de pañales (más sobre esto en el capítulo 5) y apartaba suavemente a los niños que se arrastraban hacia ella tan rápido como podían. Cuando todos los niños se acostaban, solía acercarse a mí, apoyaba su cabeza en mis rodillas y soltaba un suspiro de satisfacción antes de acurrucarse a mis pies en el suelo.

Gordo entró de lleno en un hogar caótico. Cuando llegó, los niños tenían dos, cuatro y siete años. No tenía ni idea de que en algunas casas no hay coches de control remoto corriendo por los pasillos, juguetes esparcidos por todas partes o niños que entran y salen todo el día. Esta es su realidad; todo lo que ha conocido.

Se podría pensar que Gordo sería el perro que me buscaría en los momentos de tranquilidad, pero está tan acostumbrado a compartir mi atención que realmente no actúa de forma diferente si los niños están o no. Midas pasó de ser el perro que me acompañaba a todas partes a quedarse en casa cuando tenía un asiento de bebé para el coche, una bolsa de pañales y un niño caprichoso.

Evaluación de su perro

Mira bien a Sombra. Para ayudar a gestionar todas las interacciones entre tus hijos y tu perro, es importante que mires a tu perro con objetividad, lo cual es más fácil de decir que de hacer.

¿Cómo de sociable es Sombra? ¿Busca la interacción humana o solo la tolera cuando se le obliga a ello? ¿Tiene algún punto sensible en su cuerpo? ¿Algún lugar que no quiera que toques? ¿Tiene algún problema médico que pueda causarle molestias?

¿Sombra ha estado rodeado de niños durante largos periodos de tiempo? Los extraños que lo ven en la tienda de mascotas no cuentan. ¿Y los sobrinos que vienen y se quedan durante horas o incluso días? ¿Está cansado al final? ¿Busca una forma de alejarse o muestra señales de estrés como lamerse los labios, bostezar o darse la vuelta?

—Siempre, siempre, proporcione a su perro un lugar donde pueda estar solo y recargarse—. ¿Está más interesado en los adultos que en los niños? Los grandes perros de familia no solo toleran a los niños, sino que los adoran.

¿Cómo de buena es su obediencia? ¿Sombra suele venir cuando lo llamas? ¿Puedes hacer que deje de ladrar cuando se lo pides?

Y lo más importante, ¿has visto alguna *vez* (no solo con los niños) alguna de las señales de advertencia que dan los perros cuando están muy incómodos. Como la postura congelada, la mirada dura, el labio curvado o gruñidos?

Responder a estas preguntas te dará una evaluación bastante objetiva del comportamiento de Sombra y te ayudará mucho a la hora de supervisar a tus hijos con él. Si sabes que se siente incómodo cuando no puede alejarse fácilmente, te asegurarás de que la sala de estar no esté tan llena como para que su huida se vea limitada. Si sabes que a Sombra le encanta jugar con los niños durante unos treinta minutos y que luego necesita un descanso, aprenderás a vigilar el reloj —y su comportamiento— y te avisará de que es el momento de irse a descansar después de unos veinte minutos. Déjale siempre con ganas de más.

Lleva a su perro a una clase en grupo de adiestramiento. El comportamiento empeora con el estrés; una buena indicación de lo bien que escuchará su perro cuando… llegue el bebé, te visite tu suegra o celebres una fiesta de Scooby Doo para siete niños de cinco años. El adiestramiento de Sombra en un entorno de distracción, como el que ofrece una buena clase en grupo, te enseñará las herramientas que necesitas para obtener y mantener el control sobre tu perro cuando surja lo inesperado. Y todos los padres saben que deben esperar lo inesperado.

Cómo puede ayudar un entrenador

Un buen adiestrador puede ayudar de muchas maneras. Si aún no tienes un perro, te recomiendo encarecidamente que hables con un adiestrador antes de elegir. El adiestrador podrá ayudarte a determinar qué rasgos de comportamiento son los mejores para tu familia y podrá indicarte los mejores refugios, grupos de rescate y criadores de la zona.

Si tu perro no se ajusta del todo a tu lista de rasgos deseados, un adiestrador también puede ayudarte a equilibrar tus deseos con la realidad del perro, o sugerirte formas de utilizar las tres claves del éxito: relación, gestión y adiestramiento.

Resumen para los cansados

¿Demasiado cansado para leer todo el capítulo? Ve a lo más destacado.

Consigue un perro solo si lo quieres. Al fin y al cabo, acabarás cargando con la mayor parte de la responsabilidad.

No compres un perro si tu hijo tiene miedo a los perros.

Es mucho mejor buscar rasgos de comportamiento específicos que elegir un perro basándote en la reputación de s raza.

Los mejores perros de familia son sociables y extrovertidos, y no muestran signos de vigilancia de los recursos.

Los perros muy pequeños suelen ser demasiado frágiles para los hogares con niños.

Los cachorros dan mucho trabajo. No descartes a los perros adultos.

Observar a tu perro de forma objetiva (utilizando las preguntas de este capítulo) te ayudará a supervisar mejor y a saber cuándo debes intervenir.

CAPÍTULO 3
PREVENCIÓN DE LAS MORDEDURAS DE PERRO: LA PREOCUPACIÓN DE TODOS LOS PADRES

SHUTTERSTOCK

Cada año, aproximadamente 2,8 millones de niños son mordidos por un perro. Los niños reciben dos tercios de estas mordeduras. El 61 % de estas mordeduras se producen en un entorno familiar: en casa o en casa de un amigo o familiar. Pero la mayoría de estas mordeduras pueden prevenirse, si los padres se centran en la relación, el manejo y el adiestramiento.

Aprender a reconocer cuando su perro necesita ayuda es la mejor manera de evitar problemas

Siempre que un niño visita nuestra casa, superviso activamente toda interacción entre el perro y los niños (también los míos). Si no puedo supervisar, meto a Gordo en su jaula o detrás de una verja para bebés, para que él y los niños estén separados.

Los niños son emocionantes y agotadores. Todos los padres lo saben, pero a menudo olvidamos que nuestros perros también ven a los niños así. Los perros se acostumbran a las travesuras de «sus» niños, pero otros niños pueden ser muy difíciles de leer para ellos.

Los perros se comunican casi exclusivamente a través del lenguaje corporal. Las vocalizaciones son una parte muy pequeña de su repertorio y, sin embargo, eso es lo que la mayoría de nosotros imaginamos cuando pensamos en cómo interactúan los perros entre ellos y con nosotros. Y a nosotros nos pasa lo mismo: nos comunicamos a través del lenguaje corporal mucho más de lo que creemos. Sin embargo, es importante aprender que nuestro lenguaje corporal puede afectar a nuestros perros de formas inesperadas (para nosotros).

Los padres desempeñan un papel muy importante a la hora de mantener la seguridad de los niños en torno a los perros. ¡Podemos hacerlo mejor!

Una analogía de *El mago de Oz* me resulta útil cuando intento explicar a la gente cómo el lenguaje corporal humano afecta a los perros. Los hombres son como el hombre de hojalata: se ponen de pie y se acercan directamente, a menudo a la cara del perro. Muchos perros se sienten intimidados por este avance frontal. Las mujeres son como el espantapájaros. Suavizan su lenguaje corporal porque normalmente son más pequeñas y menos intimidantes, y a menudo hacen señas a los perros para que se acerquen a ellas, en lugar de moverse en su espacio. Los niños son el león cobarde, y pueden ser los más temibles de todos. Se acercan para acariciar a un perro y luego retiran la mano porque no están seguros. Una y otra vez. El perro, al ver una mano que va y viene por encima de su cabeza, suele interpretarlo como una burla. «¿Puedes cogerme? ¡Aquí estoy! Ja, ja, ahora me voy».

Ninguno de estos estilos de comportamiento provoca agresividad en los perros pero, si un perro ya está incómodo y te comportas como el hombre de hojalata o el león cobarde, solo aumentas esa incomodidad.

Lo más importante que podemos hacer los padres es aprender un poco sobre los perros y su lenguaje corporal. Una vez que entendamos lo que un perro está tratando de decirnos, estaremos mucho mejor equipados para ayudar a nuestros perros y niños a entenderse. .

Los perros son muy hábiles para leer los mensajes no verbales tanto de otros perros como de sus familias humanas. Por desgracia, a menudo no entendemos o simplemente no nos damos cuenta de lo que Liffey intenta decirnos. En mis clases de adiestramiento de perros, a menudo detengo la clase para narrar los mensajes que varios perros envían con su lenguaje corporal.

Por ejemplo, los perros muestran ciertos gestos cuando están estresados. Estos comportamientos tienen dos propósitos: son un intento de autocalmarse —como un niño que se chupa el dedo— y a la vez un mensaje a los demás de que el perro desea que la situación se calme.

Estos son signos de que Liffey está incómoda. Si lo está, querrás apartarla de la situación o hacer que los niños retrocedan y le den más espacio.

El mito de los «perros buenos»

Muchas personas tienen la creencia errónea de que los perros buenos no muerden. La realidad es más compleja.

Los buenos padres nunca pierden la calma. ¿Estamos todos de acuerdo en eso? La verdad es que no. A veces se nos va la mano. Todos hemos tenido días estresantes en los que hemos reaccionado mal. El estrés hace que nuestro comportamiento se deteriore. Lo mismo ocurre con nuestros perros.

Una máxima mejor sería que los perros no muerden sin provocación. Incluso esta tampoco es siempre cierta, ya que la gente no siempre reconoce lo que le preocupa al perro. No es raro que la gente diga que Liffey mordió «de sopetón» o «de repente, sin avisar». Sin embargo, al revisar las circunstancias, normalmente pueden ver cuál fue el desencadenante (ah, la belleza de la retrospectiva…).

Por eso es tan importante la supervisión y la comprensión de lo que sucede por parte de los padres. Los padres que reconocen lo que dice Liffey sabrán cuándo intervenir. Todo padre aprende a reconocer las señales de que sus hijos se están volviendo demasiado salvajes. Les dirán: «eh, chicos, calmaos. Alguien va a salir herido». Si no se calman, seguro que dos minutos después alguien estará llorando.

Lo mismo ocurre con los perros. Notarás que el nivel de intensidad aumenta. Esa es tu señal para intervenir y calmar a todos. Recuerda que, si Liffey se acelera y quiere agarrar algo, utilizará sus dientes. Este problema es frustrante, predecible y evitable. Mantener sus juegos en un nivel de energía más bajo es la mejor forma de actuar.

Enseñar la inhibición de la mordida

Enseñar a Liffey a ser suave con su boca es vital. Los perros no tienen manos, sino que utilizan la boca para explorar el mundo, igual que hacen los bebés. No podemos decirles simplemente «no me gusta tu boca». En cambio, tenemos que enseñar a Liffey a usar su boca con mucha delicadeza con las personas.

Lo mejor es enseñar gradualmente al cachorro a reducir la intensidad y la frecuencia de sus mordiscos. Para ser justos, los mordiscos de los que te quejas probablemente no provocarían una objeción de otro cachorro. A los humanos nos falta una capa protectora de pelo, pero Liffey no se va a dar cuenta de que eso supone una diferencia hasta que se la enseñas.

Céntrate primero en los mordiscos que realmente duelen. Una vez que hayas eliminado esos, trabaja en los mordiscos que parecen un poco bruscos pero que no duelen (a veces los dientes tocan la piel pero no aprietan). Y, por último, elije el nivel deseado por su familia para los mordiscos y elimine todo lo que esté por encima de ese nivel.

Yo siempre he preferido permitir que el perro hable con mucha suavidad incluso en la edad adulta. Creo que esto hace que el perro practique con regularidad la delicadeza y mantiene sus habilidades afiladas, por así decirlo. Mi esperanza es que, si llega el terrible día en que uno de mis perros muerda a un niño, el mordisco sea tan suave que no deje ni un rasguño. Hasta ahora, he tenido la suerte de no probar esta teoría y espero no hacerlo nunca. Pero todos los perros tienen el potencial de morder, así que depende de nosotros enseñarles a ser suaves.

Para empezar, la próxima vez que Liffey te muerda demasiado fuerte, intenta responder como hacen los cachorros… con un fuerte aullido. «¡Ay!», intenta emitir un sonido corto y agudo, los hombres pueden preferir silbar para obtener un sonido más alto. La mayoría de los cachorros se asustarán y retrocederán cuando usted grite.

Ya eres libre: gritarás y volverás a jugar con el cachorro. Si Liffey te vuelve a morder, grita, levántate rápidamente y aléjate. Los cachorros aprenden rápidamente a inhibir la intensidad de sus mordiscos para no perder a su compañero de juego.

Así se aplica un pequeño castigo a los perros de la familia que mordisquean a los niños: el perro debe perder a todos y quedarse solo. Si Liffey muerde a Luke con demasiada fuerza, deberías levantarte y salir de la habitación con él. Muchos perros se conformarían perfectamente con que los niños se fueran un rato para poder pasar un rato agradable con mamá o papá. Los perros tienen que entender que los padres no solo se preocupan por la fuerza con la que se les da un mordisco, sino también por el trato que reciben sus hijos.

Chicas, chicos y mordiscos

Los niños reciben mordiscos el doble de veces que las niñas. Como madre de hijos, debo confesar que esto no me sorprende. La forma en que te comportas con un perro afecta en gran medida a la forma en que el perro se comportará contigo.

Los niños tienden a ser más activos, bruscos, bulliciosos y ruidosos. Los perros se excitan con el movimiento y hay que enseñarles a inhibir su intensidad y a comportarse adecuadamente cuando los niños están revolucionados.

Las chicas, en cambio, invaden el espacio del perro demasiado lejos y demasiado a menudo. Le abrazan, le abrazan y le vuelven a abrazar. Las niñas también son más propensas a «vestir» a un perro. Hay que enseñarles a respetar los deseos del perro y a dejar que Liffey salga de sus juegos según su propio horario, no en el de ellas.

El baile de la congelación

El baile congelado es un juego de preescolar muy popular: el profesor pone música y anima a los niños a que se contoneen y se rían. Cuando la música se detiene, todos los niños deben congelarse en su posición y permanecer así hasta que se reanude la música.

Una versión modificada de la danza congelada es una herramienta eficaz para enseñar a los niños a estar seguros con los perros. Primero practica sin tu perro: tú mismo puedes fingir que eres el perro. Haz que tus hijos bailen por el salón y, cuando te acerques a un metro de ellos, deben congelarse como si fueran un árbol.

Cuando te alejes, podrán descongelarse. Practica esto una y otra vez. Turnaos para ser el perro. Cuando los niños sean muy buenos convirtiéndose en árboles, elimina las payasadas y haz que los niños hagan algo sencillo, como hacer rodar una pelota por el suelo o lanzarse algo suavemente y luego convertirse en un árbol cuando el «perro» (tú) se acerque.

TRISTE, PERO CIERTO: «UN NIÑO EN ESTADOS UNIDOS TIENE MÁS DE CIEN VECES MÁS PROBABILIDADES DE SER ASESINADO POR SUS PADRES O CUIDADORES HUMANOS QUE POR UN PERRO» KAREN DELISE, *ATAQUES MORTALES DE PERROS*

Ahora estás listo para añadir a su perro. Lleva a Liffey a la habitación con la correa. Liffey, por supuesto, no tiene ni idea de que está jugando a un nuevo juego. Estará muy interesada en el juego de tus hijos, solo para descubrir que, cuando se acerca a investigar, todo se detiene. Hmm. Al sujetar la correa, puedes evitar que Liffey se acerque lo suficiente como para saltar mientras los niños se ponen en sus poses de árbol, lo que reforzaría inadvertidamente su comportamiento de salto.

La etapa de aprendizaje del juego de la congelación no es segura para jugar con perros sueltos (incluso los propios) o con perros desconocidos. Ese paso era solo para hacer que la etapa de aprendizaje temprana fuera divertida para los niños mientras ensayaban la pose del árbol una y otra vez para ejercitar la memoria muscular.

Cuando tus hijos sean buenos en sus poses de árbol, puedes empezar a hacer que las practiquen con otros perros. Ya no harán el ridículo, por supuesto. Cuando tus hijos estén cerca de perros tranquilos y con correa, anímales a practicar la postura del árbol. Diles que deben «ser un árbol» cada vez que quieran que un perro se calme o se aleje. Por ejemplo,

- Siempre que se pongan demasiado tontos y el perro se ponga un poco salvaje (esto es mucho más efectivo que saltar al sofá y gritar a mamá).
- Cuando van a casa de un amigo y se sienten un poco preocupados por el perro.
- Cuando ven un perro suelto en el barrio (incluso uno que conocen).

RESUMEN PARA LOS CANSADOS

¿Demasiado cansado para leer todo el capítulo? Ve a lo más destacado.

La mayoría de las mordeduras de perro a los niños pueden evitarse centrándose en la relación, la gestión y el adiestramiento.

Aproximadamente 2,8 millones de niños mordeduras de perro cada año. Los niños reciben dos tercios de estas mordeduras. El 61% de las mordeduras de perro a niños se producen en un entorno familiar: en casa o en casa de un amigo o familiar.

Es una suposición injusta creer que «los perros buenos no muerden». Todos los perros son capaces de morder en situaciones de estrés.

Los perros no tienen manos. Usan la boca para todo, así que hay que enseñarles a ser suaves.

Los perros nos dirán cuándo necesitan ayuda... si sabemos leer las señales. Conozca el lenguaje corporal canino.

Enseñar a los niños a «ser un árbol» ayudará a desactivar los escenarios tensos o demasiado excitantes.

Las mordeduras de perro son aterradoras y, por desgracia, demasiado comunes, pero estar cerca de un perro no es ni mucho menos el aspecto más peligroso de la vida de su hijo.

CAPÍTULO 4
FACTORES DECISIVOS: CÓMO DETECTAR PROBLEMAS GRAVES DE COMPORTAMIENTO

SHUTTERSTOCK

A veces, un problema de comportamiento puede ser tan desafiante que se convierte en una razón para deshacerse de su perro. Estas decisiones nunca son fáciles.

Deberás tener en cuenta no solo la seguridad de sus hijos, sino también la felicidad y el nivel de estrés de su perro. Hay muchos perros que se desenvuelven bien en hogares donde solo hay adultos, pero que encuentran demasiado difícil la convivencia con los niños. Esto no es culpa del perro, ni tampoco de los niños. A veces, simplemente es así.

Gruñir por comida u objetos

El gruñido para evitar que otros toquen la comida u otros objetos —lo que los adiestradores llamamos *vigilancia de recursos*— es un problema que se minimiza con demasiada frecuencia. Mucha gente dice que simplemente evitará que su perro consiga las cosas que guarda. Si Riley solo está obsesionado con las orejas de cerdo, bueno, vale, problema resuelto. O bien no las compran o se las dan solo cuando está aislado.

La parte complicada es que el perro decide lo que es valioso

Pero, por lo general, los perros que se dedican a la protección de recursos tienen múltiples pasiones. Pueden ir desde lo más común (cuero crudo, huesos y pañuelos de papel usados) hasta lo más oscuro (trajes de baño mojados, cuentas de collar, bolas de espuma de poliestireno y lápices de colores).

Los padres saben que no pueden contabilizar todos los envoltorios de barritas de cereales que abren sus hijos. La mayoría de estos envoltorios acaban en el cubo de la basura, pero no todos. Para los perros, los niños son ambulantes dispensadores de comida. Esa es una de las razones por las que los perros adoran a los niños, pero si Riley coge una galleta de la mano de Rachel y luego gruñe cuando se la devuelve, tienes un gran problema.

Cuando tenía unos nueve años, una vez se me cayó un pastel de chocolate al suelo. Como temía meterme en problemas por haber dejado caer el pastel, me agaché rápidamente para recogerlo y empujé a nuestra perra para que se apartara. Entonces me mordió en el antebrazo, dejándome una marca roja que no sangró. Para mi sorpresa, no fue por dejar caer el pastel, sino por intentar quitárselo al perro.

¿Cuáles son las probabilidades de que su hijo nunca intente quitarle algo a su perro?

Incluso los niños a los que se les ha enseñado a no molestar a un perro mientras come se olvidan.

Hace poco, una amiga entrenadora me envió por correo electrónico esta historia. Su hijo de ocho años, Nathan, estaba jugando con un coche de juguete en el suelo de su oficina mientras su perro, Denver, masticaba un hueso cercano.

Me dijo: «Mira, Denver tiene miedo de mi coche»... y bajé la vista para ver a Denver masticando un hueso y haciendo un *moonwalk* hacia atrás (bueno, en realidad lo hacía mientras estaba acostado).

Nathan no se burlaba de Denver con el coche, simplemente empujaba el coche en círculos cada vez más amplios y se acercaba cada vez más a Denver. Entonces, mientras yo pensaba «bueno, menos mal que Denver no tiende a proteger sus recursos» y antes de que tuviera la oportunidad de decirle a Nathan que se alejara, Nathan empujó el coche por el hueso, a través de la pata de Denver y por encima de la cabeza de Denver… mientras hacía sonidos de coche.

Nathan es el típico niño que no intentaba molestar a Denver mientras masticaba su hueso. Los niños rara vez *intentan molestar* al perro; simplemente actúan como niños. No obstante, los niños deben aprender a ser amables y respetuosos con los perros; tener un perro es una magnífica oportunidad para enseñarles a ser amables con todos los animales. Deberás supervisarlos e intervenir siempre que el perro muestre algún signo de incomodidad. Mientras tus hijos aprenden esta importante lección, tu mente estará más tranquila si sabe que su perro no va a morder a uno de sus hijos que se acerque inocentemente para proteger su juguete.

Las formas de avisar de los perros

Los perros no se comportan de forma agresiva sin avisar previamente de que tienen un problema. El truco es captar las señales de tu perro y responder antes de que la situación sea grave. Tienes que estar atento a cualquiera de estas señales de advertencia temprana: congelación, mirada fija con el rabillo del ojo, gruñido con el labio curvado, gruñidos, chasquido (un mordisco que no hace contacto) y, por supuesto, mordiscos.

Algunas personas creen erróneamente que, si un perro gruñe, significa que no va a morder. Esto no es en absoluto cierto. La mayoría de los perros siguen una pauta de advertencias escalonadas; empiezan con una señal de bajo nivel y van subiendo hasta llegar a señales más manifiestas si es necesario.

Si observas *alguna* de estas señales, habla con un adiestrador sobre cómo mantener a salvo a sus hijos y a su perro. Y recuerda, ¡no castigues a un perro por dar una advertencia! Las advertencias son buenas; nos hacen saber que tenemos que hacer cambios ¡ya!

Miedo excesivo

Como se ha comentado en el capítulo 2, los mejores perros son extrovertidos: seguros de sí mismos y extrovertidos.

Sin embargo, muchos perros son inquietos. Las cosas desconocidas les asustan y no tienen confianza para acercarse e investigar. En un hogar con niños, estos perros pueden estresarse mucho y a veces sentirse abrumados por la continua afluencia de nuevos estímulos. Por todas partes hay algo nuevo.

• ¿Cómo expresan los perros su miedo?

Algunos perros se acobardan, otros ladran y arremeten, y unos pocos muerden. En cada uno de estos casos, el perro intenta crear un espacio entre él y lo que le asusta. Eso es lo que significa luchar o huir: mantener una distancia con lo que da miedo.

En un hogar familiar es mucho más fácil controlar a un perro que se aleja de las cosas que le preocupan. Es importante asegurarse de que Riley siempre tenga una vía de escape: no permitas que esté encerrado por las visitas o los juguetes ruidosos.

- **¿Con qué rapidez se recupera tu perro?**

Este puede ser el factor más importante: ¿Riley se recupera rápidamente o necesita mucho tiempo para adaptarse?

En el mejor de los casos, el perro se sobresalta ante relativamente pocas cosas, reacciona alejándose poco y se recupera rápidamente. Un perro así puede aprender a enfrentarse al caos de la vida familiar. Otros perros tardan más en recuperarse o puede que no se recuperen en absoluto; estos perros pueden parecer que «guardan rencor».

Help for Your Fearful Dog, de Nicole Wilde (Phantom Publishing, 2006), está repleto de sugerencias para ayudar a Riley a desarrollar la confianza. Sin embargo, Wilde tiene claro que no se trata de un proceso rápido para la mayoría de los perros tímidos. Con un adiestramiento diligente, empezarás a ver cambios en unos pocos meses y tu perro debería ser capaz de manejar la mayoría de las situaciones después de unos tres años. ¿Tienes el tiempo y la energía necesarios para ayudar a un perro muy tímido?

- **¿Cómo de preocupado está tu perro en situaciones nuevas?**

¿Puedes distraer a su perro? ¿Es capaz Riley de oírte y responderte? Muchas veces los perros se preocupan tanto que solo pueden concentrarse en lo que les asusta. En momentos así, tu perro puede no tener un control total de sus acciones: puede reaccionar instintivamente de maneras que no lo haría si se sintiera seguro.

¿Es esto un problema?

Los comportamientos que he enumerado pueden presentar (o no) problemas, dependiendo de su intensidad. Vigila a tu perro con atención. Con un buen manejo, puedes evitar algunos de estos problemas por completo. Para otros, necesitarás la ayuda de un adiestrador profesional para evitar que el comportamiento se vuelva más extremo con el tiempo.

Persecución, ladridos o gruñidos en movimiento

Muchos perros tienen un fuerte «impulso de presa» o han sido criados específicamente para perseguir el movimiento. Aunque se trata de una característica muy útil si se dedican a pastorear ovejas o a perseguir ratas, este comportamiento puede causar problemas en casa. Los niños siempre están en movimiento, corren, montan en bicicleta y patinetes, llevan patines y persiguen pelotas.

Tendrás que vigilar el comportamiento de Riley para asegurarte de que simplemente participa y no intenta controlar la actividad. Intenta llamarle para que se aleje. Si solo está participando en el juego, Riley debería ser capaz de separarse y acudir a usted rápidamente. Si no puedes llamar su atenciónpara que se aleje, mantenlo alejado de los niños cuando estén jugando activamente y comienza a trabajar en la señal de «ven» en entornos menos desafiantes. Espera a que el comportamiento de Riley sea consistente antes de volver a ponerlo en un entorno caótico y esperar que te haga caso.

Preocupado por los visitantes

Muchos padres dicen que les gustaría que su perro fuera protector de sus hijos. Esa es una gran tarea para un perro, porque ¿cómo va a saber quién es seguro y quién es peligroso?

Cuando el tío Jack pone a Rachel boca abajo y le hace cosquillas, ¿es algo que Riley le debería dejar hacer? ¿Y qué hay de ese tipo aterrador que aparca su camión en la entrada y corre hacia la puerta con una caja en brazos? ¿Qué hay de esos dos adolescentes con sus uniformes de banda y sus divertidos sombreros que están pidiendo donaciones?

No se debe animar a los perros de la familia a ser «protectores». En una emergencia, la mayoría de los perros reconocerán claramente que algo va mal, pero usted quiere que Riley responda a su evaluación de la situación, no a la suya propia.

La exposición temprana a una amplia variedad de extraños amistosos es la mejor manera de evitar este problema. Si Riley no acepta fácilmente a los visitantes en tu casa, querrás trabajar con un buen adiestrador para ayudarle a superar este problema, y mientras tanto, ponlo en otra habitación cuando tengas invitados.

Sensibilidades corporales y problemas de salud

Muchos perros tienen puntos en su cuerpo que no quieren que se les toque. Para algunos perros esto es una preocupación de por vida: por ejemplo, a Riley nunca le ha gustado que le toquen las orejas. Pero, a menudo, el problema se desarrolla con el tiempo. La artritis y otros problemas de la vejez pueden causar molestias a un perro, que puede no tolerar algunas cosas que solía hacer. Al igual que las personas, los perros pueden ser más reactivos cuando sienten dolor.

Si Riley tiene zonas que no quiere que le toques, puedes cambiarle golosinas por toques. Elija un momento y un lugar tranquilos, y ofrécele suavemente una golosina mientras le tocas. Es mejor si puedes emparejar las dos cosas: darle la golosina en el mismo momento que el toque. No pases todo el tiempo tocando sus zonas sensibles. Cambia un poco e incluye algunas de las zonas que le gustan. Tu objetivo es que Riley aprenda a relajarse y a confiar en ti. Con el tiempo, puede empezar a pedir que le toquen y le den un masaje. La mayoría de los perros aprenden a disfrutarlo.

Lleva a Riley a revisiones físicas semestrales e incluye análisis de sangre cada año para los perros de siete años o más. Un «perfil senior» registra el estado de todos los órganos principales (hígado, bazo, riñones, etc.) así como muchas funciones bioquímicas como la tiroides, el páncreas y los electrolitos.

Asegúrate de que Riley siempre tenga la opción de alejarse de los niños y vigílalo de cerca para detectar cualquier signo de incomodidad, un dato que puede ser más sutil conocer en los perros que en las personas.

Tellington Touch (también conocido como *TTouch)* es una forma de trabajo corporal que puedes realizar en tu perro. El *TTouch* puede ayudar a aliviar el malestar y el estrés. Consulta el apéndice A para obtener más información.

Cuestiones de lucha o huida

Todos estamos familiarizados con la frase «luchar o huir», pero pocos de nosotros consideramos cómo la frase puede aplicarse a nuestros perros. Si Riley se encuentra en una situación incómoda, es importante que descubra una manera para gestionar esa situación. La primera opción de la mayoría de los perros es crear un espacio «huyendo», lo que puede significar en muchas ocasiones, simplemente alejarse una corta distancia.

Pero si Riley no puede alejarse, es posible que responda con agresividad, la mitad de la ecuación de la «lucha». Los niños que quieren jugar suelen perseguir al perro mientras este intenta alejarse. A veces consiguen acorralarlo, para su propio deleite y la frustración del perro. Esta situación es una causa común de mordeduras a niños pequeños. Los padres no solo deben supervisar, sino también intervenir en favor del perro, para evitar problemas de lucha o huida.

Frustración de la barrera

Es muy peligroso que los niños se acerquen a un perro que esté encadenado, en un corral o detrás de una valla. Los perros son criaturas sociales y no están destinados a vivir de esta manera. Muchos de estos perros pasan el día concentrados en el movimiento que se produce justo fuera de su alcance. En su frustración, los perros pueden ensayar patrones de comportamiento desafortunados, como ladridos y embestidas. Si Rachel se acerca demasiado a un perro de este tipo, es posible que el animal pueda morderla.

Incluso si el perro solo se encuentra en un entorno de confinamiento a corto plazo, como cuando se le deja en un coche o se le ata para que haga sus necesidades, puede volverse protector de su territorio y comportarse de forma agresiva.

Enseñe a sus hijos a no acercarse a ningún perro que esté atado, detrás de una valla o en un coche aparcado.

Umbrales de mordida

El término «umbrales de mordida» se refiere a múltiples fuentes de estrés que, juntas, pueden crear una reacción mayor.

Digamos que Riley se siente ansioso con los extraños, los chicos jóvenes, el movimiento y cualquiera que se acerque a su cuenco. Entonces, cuando uno de los amigos de su hijo venga a casa y su coche de juguete pase por delante de su cuenco, es más probable que Riley le muerda al pasar corriendo para cogerlo que si su hijo hubiera hecho lo mismo. Cuatro factores de riesgo frente a dos.

La gente también tiene «umbrales de mordida». Un año, viajaba con mi familia a la playa para pasar allí tres días cuando nos encontramos con un tráfico increíble. Lo que debería haber sido un viaje de tres horas se alargó más de siete. No pudimos salir de la autopista para encontrar un baño durante más de dos horas, y mis tres hijos empezaron a reñir como forma de pasar el tiempo. Después de aguantar todo lo que pude, me di la vuelta y les gruñí: «Ya basta». ¡Uy! Por lo visto, hemos tocado demasiados factores en mi propio umbral de mordida.

Revisa cuidadosamente las preguntas de evaluación del capítulo 2 para identificar las situaciones que preocupan a su perro. Conocer las tendencias de Riley e intervenir cuando sea necesario te ayudará a mantener tanto a él como a sus hijos seguros.

Los formadores pueden ayudar

La mayoría de las agresiones se basan en el miedo y la ansiedad, por lo que hay que tener mucho cuidado con el uso del castigo. El castigo aumentará la ansiedad del perro y podría provocar más agresividad en lugar de reducirla. Además, el castigo puede suprimir el sistema de alerta temprana, dejándole en riesgo de un ataque más fuerte que ocurra «de repente, sin aviso».

Consulta a un adiestrador si su perro muestra algún signo de agresividad, como congelación, mirada fría, curvatura de los labios, gruñidos o chasquidos. Muchos casos de agresividad moderada pueden resolverse mediante la modificación del comportamiento. Sin embargo, en los casos más graves, es posible que haya que buscar otro hogar para el perro. Por muy doloroso que sea, ¿no sería mejor saberlo antes de que un niño sea mordido que después?

La tabla de niveles de mordedura del doctor Ian Dunbar es una herramienta estandarizada que los veterinarios y entrenadores utilizan para evaluar la gravedad de las lesiones por mordedura de perro. Los perros que dan mordeduras de nivel 1 o 2 suelen responder bien a la modificación del comportamiento. El nivel 3 es el gran cambio en la gravedad. Considera cuidadosamente si, en un hogar con niños, puedes llevar a cabo con seguridad un programa de modificación del comportamiento con Riley si este provoca mordeduras de nivel 3 o superior.

Entrenamiento en casa

En sí mismo, el adiestramiento en casa no parece un problema. Sin embargo, un adiestramiento incompleto puede provocar una espiral caótica en la vida de un perro. Muchas personas que entregan a sus perros a un refugio de animales citan el fracaso del adiestramiento como la razón por la que abandonan a sus mascotas.

Es habitual que un perro que no está domesticado se mantenga en el patio con un ronzal o una valla, donde ve pasar cada día a la gente fuera de su alcance. Pronto Riley empezará a ladrar ante cualquier movimiento que le llame la atención. Luego, para que los vecinos no se quejen, habrá que relegarlo al sótano, donde empezará a morder las estanterías y las cajas por soledad y aburrimiento. Mientras tanto, se hará más grande y revoltoso. Al final, Riley podría acaban en un refugio, donde, como perro adulto sin adiestramiento, sus probabilidades de encontrar un nuevo hogar disminuyen considerablemente.

Por eso, el hecho de no estar entrenado en el hogar es un factor decisivo para la socialización del animal.Un adiestramiento eficaz se basa en la supervisión, la estructura, la gestión y la limpieza exhaustiva. Trata a todos los perros nuevos, independientemente de su edad, como a un cachorro sin adiestrar y vigílalos tan de cerca como vigilarías a un niño pequeño que acaba de empezar a moverse. Piensa en todas las cosas que puede hacer un niño de quince meses cuando le quitas la vista de encima: puede vaciar todas las cajas de cereales del armario, subirse a la mesa de la cocina o arrancar alegremente las páginas de tus libros. Un perro es muy parecido.

Con los niños alrededor, no puedes prestarle a Riley toda tu atención. Para los momentos en los que simplemente no puedas supervisarlo adecuadamente, utiliza su jaula como área de confinamiento a corto plazo.

Ocasionalmente puedes querer llevar a Riley atado con una correa. Esto puede ser eficaz cuando estéis leyendo en el sofá y os gustaría tener al perro cerca. Mucha gente también instala correas cerca de la puerta de entrada para ayudar cuando entran visitas y en la sala de estar. De nuevo, sirven de ayuda para que el perro aprenda a tranquilizarse y pasar el rato con la familia en los momentos más relajados.

Cuando saques a Riley para ir al baño, recompénsalo con un delicioso premio por su buen comportamiento. Convéncele de que, al igual que la OPEP, tiene el control de una valiosa materia prima y que programar cuidadosamente su «producción» puede reportarle grandes beneficios.

Muchas personas enseñan inadvertidamente a su perro que no les gustan las funciones corporales. Esto ocurre cuando se regaña al perro por ir al baño dentro y se le ignora cuando va al baño fuera. La única información que recibe Riley es que no te gusta que haga algo que es absolutamente necesario que haga, así que tal vez le convenga esconderse detrás del sofá e ir allí. Oh, Dios.

Si ves a tu perro haciendo sus necesidades en casa, sácalo fuera inmediatamente. Si es lo suficientemente pequeño, cójalo y llévelo. No le grites, ni le molestes, ni le restriegues la nariz, solo llévalo al lugar adecuado.

Asegúrate de recompensarlo si lo hace fuera. Muéstrate muy aburrido en mientras esperas, quédate de pie ignorando a Riley, y cuando finalmente termine, «despierta», dale una deliciosa golosina y empieza a jugar con él. Esto le enseñará a salir y ocuparse de sus asuntos de inmediato.

Si a Riley le gusta olfatear al aire libre, asegúrate de proporcionarle un tiempo extra para olfatear *después* de que haya hecho sus necesidades. Si siempre le llamas para que entre en cuanto haya terminado, aprenderá a esperar cada vez más tiempo antes de ir al baño.

Cuando limpie los accidentes de interior, utilice un producto diseñado para erradicar todo rastro de suciedad desde el punto de vista del perro. Muchos limpiadores eliminan los olores que la nariz humana puede detectar, pero dejan potentes marcas de olor que actúan como desencadenantes para que el perro vuelva a eliminar en ese lugar. Haga un buen trabajo de limpieza la primera vez y, con suerte, no tendrá que volver a limpiar.

Resumen para los cansados

¿Demasiado cansado para leer todo el capítulo? Ve a lo más destacado.

Se necesita un perro especial que pueda convivir con niños y amarlos.

La protección de los recursos —gruñir, morder o chasquear para proteger un objeto— es uno de los rasgos de comportamiento más peligrosos con los niños.

Incluso con una gran supervisión y enseñando a tus hijos a no acercarse, seguirán ocurriendo accidentes.

Enseña a tu perro a ceder objetos mediante el intercambio, así aprenderá a traerte las cosas en lugar de salir corriendo con ellas.

Los perros extremadamente temerosos encuentran la convivencia con los niños demasiado caótica y molesta.

La supervisión y la intervención son especialmente importantes si su perro persigue, ladra o gruñe al moverse o tiene ansiedad por su espacio físico.

Los perros familiares no deben ser alentados a ser «protectores».

Un adiestramiento incompleto puede iniciar una espiral desastrosa en la vida de un perro y a menudo se cita como motivo de renuncia en los formularios de admisión del refugio.

CAPÍTULO 5
EQUIPO ESENCIAL:
CÓMO PREPARARSE PARA EL ÉXITO

SHUTTERSTOCK

Las herramientas adecuadas pueden facilitar cualquier trabajo, incluido el trabajo con su perro. Estos son algunos artículos que puedes considerar para simplificar tu vida con tu amigo de cuatro patas.

Puertas para bebés

Las puertas para bebés son un invento maravilloso. Crean corrales gigantes en habitaciones enteras. Puedes utilizar una de estas puertas para bloquear las escaleras por seguridad o para mantener a los niños alejados de un banco de trabajo. También son enormemente útiles para usos espontáneos, como mantener a Missy fuera de la cocina mientras haces tu propia pizza y los ingredientes vuelan a diestro y siniestro.

Teléfonos inalámbricos

El valor de un teléfono inalámbrico se hace evidente en el momento en que tu hijo empieza a gatear. Pasarás horas siguiéndolo de cerca. Debido a la necesidad de supervisar de cerca a tus hijos cuando están con el perro, tú también tienes que moverte, pero a veces el valor de una conversación con un adulto es tan valioso que no quieres colgar. Un teléfono inalámbrico le permitirá hacer ambas cosas: supervisar a tu hijo y mantener una conversación de frases y palabras reales.

Transportines

Estas jaulas son una herramienta muy útil para todos los propietarios de perros, pero son especialmente buenas para los padres. Un transportín ofrece a Missy una habitación propia. Conviértelo en un refugio con una manta suave o una cama para perros en su interior. También hay muchas fundas diseñadas para que combinen con su decoración si quiere mantener la jaula en una zona visible.

Los transportines son especialmente útiles si Missy todavía es una maniática de la masticación y quieres esperar un tiempo antes de invertir dinero en una buena cama. Sin embargo, ten cuidado si quieres usar algo para suavizar el duro suelo de la caja. Comienza con una opción económica, como una sábana vieja o una toalla. Si Missy también muerde ese objeto, espera un tiempo antes de poner ropa de cama en su jaula. El fondo de la jaula puede ser duro para Missy, pero la cirugía de estómago para eliminar la ropa de cama que se trague será aún más dura, y supondrá un gasto considerable para su bolsillo.

Las jaulas son casi irresistibles para los niños. Quieren entrar y salir de ellas como si fueran pequeñas casas de juguete. Evita esta práctica, puedes dejar que los niños se den una vuelta cuando compres un transportín nuevo para satisfacer su curiosidad, pero recuérdales que la jaula pertenece al perro y no es un juguete.

Diles a los niños que no pueden interactuar con Missy cuando está en su transportín (ni tampoco pueden jugar allí cuando ella está fuera). Saber que tiene un lugar donde puede ir «para alejarse de todo» reducirá su nivel de estrés y el tuyo.

Utiliza la jaula siempre que necesites estar seguro de que los niños y los perros están separados. Es también muy útil cuando vienen otros niños a jugar, pues no hay ninguna necesidad de que Missy tenga que encontrarse con un grupo de niños de dos años en el salón. Dale un juguete para masticar, como un delicioso Kong lleno de golosinas (véase la sección «Juguetes para conseguir alimentos» más adelante en este capítulo), y déjala en soledad. Se lo agradecerá.

Una vez que tu perro haya superado la fase de masticación, puedes considerar una jaula de malla plegable. Estas cajas ligeras y portátiles son ideales para los viajes a casa de los abuelos. Missy se sentirá más cómoda en entornos extraños si ha traído su «propia habitación».

Cubos de pañales con tapa

Créeme en esto. La mayoría de los perros piensan que un pañal sucio es un gran manjar. Si alguna vez tienes que limpiar los restos destrozados de un pañal desechable, considerarás que un cubo de pañales de alta calidad es una inversión más que digna.

Herramientas para el adiestramiento de perros

• Collares con hebilla

A muchos perros les van bien los collares estándar. Ajuste el collar de forma que pueda deslizar fácilmente unos dedos entre el collar y el cuello del perro, pero el collar no debe estar tan suelto que pueda deslizarse fácilmente por la cabeza del animal.

• Collares *martingale*

Muchas personas utilizan cadenas de ahogo no porque estén entrenando con correcciones de correa, sino porque están preocupadas por que su perro se zafe del collar. Los collares *martingale* son una buena opción para estos perros. Se parecen mucho a los collares de hebilla normal, pero su diseño permite apretar el collar sin ahogar al perro y evitar que se salga.

• Arneses para el cuerpo

Los arneses son muy útiles para los perros con tráqueas sensibles, las razas pequeñas o los perros propensos a sufrir problemas de espalda (como los perros salchicha), ya que evitan ejercer cualquier presión sobre el cuello del perro. Hay dos tipos principales de arneses corporales: uno es ideal para los perros familiares y el otro no.

El estilo más reciente de arnés corporal consta de tres correas, donde la correa principal se conecta a una anilla centrada en el pecho del perro. Esta estructura aprovecha la física y hace que el perro tenga menos posibilidades de tirar de su dueño. Con uno de estos arneses, deberías poder llevar a Missy mientras sacas a tu bebé de paseo en el cochecito. El arnés más tradicional tiene al menos cuatro correas y la correa principal se conecta a mitad de la espalda del perro. Así aumenta la capacidad del perro para tirar y no es recomendable.

• Cabezales

Antes de comprar un cabestro de cabeza, considera probar uno de los arneses de cuerpo de tres correas. Algunos perros tienen problemas para adaptarse a la sensación de los cabestros en la cara.

Estas correas se basan en el diseño del cabestro de un caballo. A nadie le sorprende que podamos pasear 1400 libras de caballo y, sin embargo, un perro de 45 libras pueda volcar a muchos adultos. El secreto es la física. Los cabestros de cabeza se conectan a la correa por debajo de la barbilla del perro y no por detrás de su cuello, como los collares normales o la mayoría de los arneses corporales. Evitan los tirones y, si se utilizan correctamente, no causan dolor al perro, a diferencia de una cadena de ahogo o un collar de púas.

- **Correas**

Las correas normales de dos metros son las mejores para actividades cotidianas. La mayoría de las correas están hechas de nylon, por lo que resultan demasiado duras para las manos cuando se trabaja con un perro saltarín o potente. Las correas de algodón son más cómodas, pero un poco más difíciles de encontrar. La forma de distinguir entre el nylon y el algodón es la intensidad del color. Si es brillante y bonito, la correa es de nylon; si es apagada, es de algodón.

¿Tienes un perro fuerte? Compra una correa de cuero. El cuero merece el gasto extra cuando tienes este tipo de perro. Además, las correas de cuero mejoran con el tiempo, yo tengo una de dieciséis años que me encanta. Consigue una correa de unos dos centímetros de ancho para que el agarre sea más fácil.

- **Alfombras**

Compra una alfombra de baño para cada una de las habitaciones en las que pases mucho tiempo. Puede enseñar a Missy a tumbarse en la alfombra al pedírselo. Es mucho más fácil para un perro aprender dónde estar si su lugar designado tiene una textura de suelo diferente a la del resto de la habitación. Darle una alfombra le ayudará a entender dónde quieres que esté. En el capítulo 6 puedes ver las instrucciones sobre cómo enseñar a Missy a «ir a la cama».

- **Puertas de tormenta**

Los niños son notoriamente malos para vigilar al perro antes de abrir una puerta. Si tu hijo tiene que abrir una puerta y luego otra, disminuirá en gran medida las probabilidades de que tu perro tenga la oportunidad de dar un paseo imprevisto por el barrio.

Si aún no tienes una de estas puertas, piensa si tu perro es ladrador. Conseguir una puerta con un panel inferior opaco evitará que Missy se aliste como ayudante del Equipo de Alerta de Ardillas y Gatos (EAAG).

• **Amarres**

A muchos padres les resulta útil el uso de correas de sujeción. Algunos instalan una pequeña anilla en el zócalo de algún lugar de su entrada y le colocan una correa corta para poder enganchar al perro cuando la gente entra y sale. Te sorprendería saber cuántos niños se quedarán de pie sosteniendo la puerta abierta, mientras tú les gritas: «¡No dejes salir al perro!». «¿Eh? Uy».

Otros enrollan una correa alrededor de los husos de su barandilla o alrededor de la pata del sofá o de una cama. Merece la pena comprar una correa adicional para este fin, ya que, si siempre tiene que buscar una correa, no utilizará un bozal.

Terry Ryan, en su libro *The toolbox. Las herramientas para construir un gran perro de compañía* (Dogalia, 2012), ofrece una ingeniosa estación de sujeción portátil. Compra un trozo grande de madera contrachapada (Ryan sugiere que sea el doble de largo que su perro). Haz dos agujeros en el centro y pasa el asa de la correa por un agujero y por el otro. A continuación, desliza la longitud de la correa por el lazo del asa para fijarla a la tabla. Has creado una forma de atar a su perro temporalmente que puede guardarse fuera de la vista cuando no se utilice. Si lo deseas, puedes cubrir la parte superior con restos de alfombra para hacerla más acogedora.

Recuerde que debe utilizar la correa solo durante periodos cortos de tiempo y que debes supervisar a todos los niños que estén cerca del perro atado. Es fácil que los niños irriten accidentalmente a Missy y la sujeción aumentará su nivel de frustración.

Si tu perro suele intentar morder, consigue alambre recubierto de plástico en la ferretería. Pueden ayudarte a colocar un clip para la correa en el extremo y a engarzarlo para cerrarlo.

También puedes atar al perro a ti mismo, por supuesto suponiendo que no tengas niños en edad preescolar colgados de sus piernas como percebes. Esta opción puede facilitar la supervisión cuando estés ocupado cortando verduras para la cena o caminando hacia la parada del autobús empujando un cochecito.

• Tazones a prueba de vuelcos

Busca platos para perros con bases a prueba de vuelcos. Los cuencos de Missy se golpearán a menudo; ningún niño coge un coche teledirigido para esquivar e un cuenco de perro o cualquier otro obstáculo. En su lugar, chocan el coche contra el cuenco una y otra vez hasta que por fin el vehículo gira un poco y puede pasar. Mientras tanto, es posible que el suelo de la cocina quede cubierto de agua.

Asegúrate también de colocar el bebedero de tu perro en una zona poco transitada.

• Juguetes para perros

En el mercado están apareciendo un montón de nuevos juguetes interactivos para perros. Es una gran noticia para las familias, ya que significa que deberían ser capaz de encontrar fácilmente un juguete que mantenga a su perro ocupado.

Juguetes para conseguir alimentos

Mi primera elección de juguete es un Kong. Parece una piña de goma roja con un centro hueco y se puede encontrar en la mayoría de las tiendas de animales. Estos juguetes son muy divertidos para los perros cuando están rellenos de golosinas. Puede adaptar el nivel de dificultad al interés y la capacidad de su perro. Algunos perros se frustran con facilidad, por lo que querrá elegir cosas que se caigan con un mínimo esfuerzo. Otros perros pueden llegar a meter el Kong en una taza y verter agua sobre su contenido antes de meterlo en el congelador para conseguir una gran golosina congelada. Yo suelo rellenar los Kongs con corazones de manzana, cortezas de pizza y el pico de la barra de pan que ninguno de mis hijos quiere para su bocadillo.

Algunos tipos de relleno pueden adherirse a la moqueta. Si utiliza algo sucio, considere la posibilidad de mantener al perro alejado de las zonas alfombradas. Los restos de la mesa son la comida basura del perro, así que asegúrate de que no constituyen más del 10 % de la dieta de Missy.

Cuando Missy termine de extraer las golosinas de su Kong, puedes meterlo en el lavavajillas para limpiarlo a fondo.

Averigua cómo le gusta jugar a tu perro. Algunos juguetes pueden ser demasiado fáciles; otros, demasiado difíciles.

Dos juguetes idénticos

Cuando juegan a buscar, los niños suelen tener problemas para recuperar el juguete del perro. Puedes resolver este problema comprando dos juguetes idénticos: dos pelotas de tenis, dos frisbees, etc. Cuando Michael lance el juguete n.º 1, Missy correrá a cogerlo. Cuando se dé la vuelta y comience a regresar, Michael deberá agitar el segundo juguete. Cuando ella se acerque bastante a él, Michael le lanzará el juguete n.º 2. La mayoría de los perros dejarán caer el juguete n.º 1 y saldrán corriendo en busca del n.º 2. Michael puede simplemente acercarse y coger el juguete nº 1 para que esté listo para lanzarlo de nuevo cuando ella regrese.

Para aquellos *retrievers* que están obsesionados con llevar dos, tres o, en algunos casos, incluso cuatro pelotas, basta con aumentar el número a un juguete más de lo que el perro puede llevar.

TRATA

Guarda pequeños recipientes de golosinas de gran valor en varios lugares de su casa. Elije algo que no se estropee fácilmente, como hígado liofilizado o tiras de cecina. Estas golosinas pueden usarse para recompensar a Missy cuando haga algo que te guste, para los intercambios cuando coja algo que no le pertenezca o para los juegos de adiestramiento espontáneos que los niños quieran hacer con ella.

Asegúrate de que las golosinas sean muy pequeñas (el tamaño de un guisante está bien) para que no llenes a Missy de comida basura y no tengas que rellenar el recipiente a menudo.

COSAS QUE HAY QUE USAR CON PRECAUCIÓN

Los siguientes artículos tienen algunas ventajas y desventajas que deberías considerar antes de usarlos con tu perro.

• Cinturones de seguridad para perros

Voy a suscitar cierta controversia aquí, pero creo que los padres deben tener cuidado con el uso del cinturón de seguridad para Missy si está al alcance de Michael.

Muchas mordeduras de perro se producen porque el perro no puede alejarse de una situación estresante.

Asegúrate de que Michael no pueda dedicar tiempo a acariciar y molestar a Missy en cada viaje en coche.

Tendrás que decidir qué es lo mejor para su familia en cuanto a la seguridad del transporte. Mucho dependerá del tamaño de tu perro y del tamaño de tu vehículo. Tienes que equilibrar la seguridad en caso de accidente con la seguridad diaria de los niños y los perros que estén cerca.

• Columpios y columpios para bebés

Los perros encuentran muy emocionante el movimiento rápido de ida y vuelta. Si a esto se le añaden risas y gritos, se produce una situación potencialmente peligrosa. Los columpios no son un problema para todos los perros, pero algunos se excitan demasiado y pueden empezar a jugar bruscamente con los niños.

Dos ejemplos extremos ocurrieron en Maryland, donde dos bebés murieron cuando el perro de la familia los arrastró de un columpio para bebés. Si decide utilizar un columpio, utilice una puerta para bebés para mantener a Missy alejada de Michael. Y nunca, jamás, dejes a tu perro solo con tu bebé, esté o no en un columpio.

• Piscinas de agua

Para la mayoría de los perros, las piscinas para niños están bien. Pero si Missy es una loca del agua, entrará y saldrá de la piscina sin tener en cuenta la seguridad de los demás. Si lo único que quiere Michael es llenar y tirar un cubo de agua, puede que le dé miedo que Missy salte para sumergirse.

Además, ten en cuenta que, cuando se sientan en la piscina, tus hijos tienen más superficie expuesta. Aunque Missy nunca pisa a Michael en circunstancias normales, puede arañar sin querer sus espinillas y muslos cuando juega en la piscina.

Resumen para los cansados

¿Demasiado cansado para leer todo el capítulo? Ve a lo más destacado.

Estar pendiente de todo en todo momento es agotador. Hay herramientas que pueden ayudar.

Las puertas para bebés son tus amigas, ahora y en los años venideros.

Enseña a su perro y a tus hijos a considerar la jaula como «el dormitorio de Missy». Reserva este lugar privado para el perro cuando ella (o tú) necesite un tiempo de descanso.

Los perros creen que los pañales sucios están deliciosos. Consigue un cubo de pañales con cierre.

Proporcionar a su perro mucho ejercicio físico y mental dará sus frutos en un mejor comportamiento.

Coloca un pequeño recipiente con golosinas en varios lugares de la casa. Así será fácil premiar a Missy por su buen comportamiento.

La sobreexcitación es una causa común de problemas entre niños y perros. Supervisa con cuidado e intervén cuando las cosas se pongan un poco locas.

CAPÍTULO 6
BEBÉS Y NIÑOS PEQUEÑOS: CÓMO LIDIAR CON LAS CUNAS Y LAS CROQUETAS

SHUTTERSTOCK

No hay nada como un nuevo bebé. Son una monada que derrite el corazón… y están completamente indefensos. Vivirás momentos de total euforia mientras conoces a esta nueva personita, pero también sentirás un total agotamiento mientras aprendes a cuidarla. Lo más probable es que te preocupe tu capacidad para hacer cualquier cosa que no sea el cuidado básico del bebé.

A tus nuevas responsabilidades se sumará cómo se adaptará tu querido perro a la llegada del bebé. Durante años, Barney ha sido tu «bebé», y puede que le preocupe que se sienta abandonado o celoso del nuevo miembro de la familia. Afortunadamente, puedes hacer mucho para facilitar la transición, y la mayoría de los perros se adaptan sin grandes dificultades.

No compre un perro nuevo ahora

Ayudar a su perro actual a adaptarse a la nueva llegada es una cosa; añadir un perro a su familia es otra.

La supervisión necesaria para un nuevo perro es muy exigente. Tu prioridad será el bebé y necesitarás toda tu energía.

Muchas personas creen que podrán educar a un cachorro, pintar la casa, remodelar el sótano y escribir un libro mientras están de baja por maternidad. No es así. Los bebés —y los niños en los que se convierten— ocupan tanto tiempo que los proyectos adicionales pueden convertirse en una carga.

De hecho, este libro ha estado dando vueltas en mi cabeza durante más de once años. Ni siquiera me planteé escribirlo hasta que mi hijo menor entró en primer grado. Antes de eso, no tenía ni el tiempo ni la energía para dedicarme a un proyecto tan grande (y este tipo de proyecto nunca necesita salir corriendo para ir al baño de un momento a otro).

¡El embarazo y la infancia no son buenos momentos para tener un perro y definitivamente no un cachorro!

Los perros sin supervisión actúan como… perros. Si no canalizas su energía en salidas apropiadas, se les ocurrirán sus propias ideas, que probablemente incluirán masticar, ladrar y orinar dentro de la casa en lugares convenientes… para ellos.

La mayoría de los padres están demasiado cansados para llevar a un perro nuevo a las clases de adiestramiento (por no hablar de la molestia que supone encontrar una guardería o llevar al bebé en su silla). Pero renunciar al adiestramiento tampoco es una buena idea. Los perros adolescentes sin adiestrar acaban en los refugios con más frecuencia que los de otras edades. Por desgracia, ya han perdido su carácter de cachorros y la gente espera de ellos un comportamiento maduro pero, si no han sido adiestrados, sus inclinaciones naturales resultan molestas y groseras.

Si aún no tienes un perro, considera esperar a adquirir uno hasta que tengas suficiente tiempo y energía para dedicarte a su adiestramiento y supervisión. Así, nunca culparás a Barney por transgresiones que no puede entender, y tú te ahorrará un estrés y angustia innecesarios.

Relación

La relación real entre Barney y Brianna será mínima al principio, pero crecerá con el tiempo. La mejor manera de desarrollar un vínculo entre tu perro y tu bebé es hacer que ocurran cosas buenas para Barney cuando Brianna está cerca. Cada vez que Brianna aparece, Barney tiene que recibir un sabroso premio.

Por desgracia, nuestra inclinación natural puede ser la contraria. Mientras el bebé está despierto, estás tan ocupado atendiendo sus necesidades que ignoras al perro. Luego, cuando Brianna se acuesta a dormir la siesta, te tomas veinte minutos para jugar a la pelota con el perro. ¿Qué está aprendiendo así Barney? Que la vida es mejor cuando Brianna no está cerca. Menudo desastre.

En su lugar, busca cómo solucionar ambos problemas: enseña a Barney a encontrar sus juguetes para que puedas decirle que busque uno mientras te sientas en una mecedora con Brianna en brazos. Pon un pequeño recipiente con golosinas cerca de su cambiador para que puedas premiarle por permanecer en su alfombra mientras cambias los pañales. Y cuando Brianna llegue a la fase de comer con los dedos, «límpiala» tirando los restos al suelo para que Barney los consuma mientras le limpias la cara y los dedos.

Algunos niños nacen amantes de los perros

A muchos bebés les gusta mirar a los perros. Sus caras se iluminan cuando sus amigos caninos entran en la habitación. Varias familias con las que he trabajado me han dicho que sus hijos adoraban al perro de la familia incluso antes de que aprendieran a hablar.

Es probable que esa adoración e interés aumenten cuando el niño entre en la primera infancia, pero también es cuando puedes ver que los sentimientos no son necesariamente mutuos. Es posible que Barney no encuentre a Brianna tan encantadora como tú y que se preocupe cuando ella empiece a invadir su espacio o a mover sus juguetes. Supervisa con cuidado e intervén a menudo.

Gestión

En la etapa de bebé, la gestión es la más importante de las tres claves del éxito. Prepárate pensando las cosas con antelación.

• Volver a casa por primera vez

El viaje de mil kilómetros comienza con un solo paso. Para ti, tu perro y tu bebé, ese paso es atravesar la puerta de casa por primera vez.

Pero puedes preparar ese paso inicial de antemano aprovechando la fascinación de tu perro por los olores. Envíe a casa algo del hospital con su olor y el de Brianna. Deja que Barney olfatee este objeto a su antojo, pero no le permitas jugar con él como si fuera un juguete. Este ejercicio le ayudará a «reconocer» a Brianna cuando vuelva a casa.

A menudo funciona bien que el papá lleve al bebé, mientras la mamá entra y saluda al perro. Actúa como lo haces habitualmente, entra, saluda y luego ve a sentarte en el sofá. De todos modos, eso es todo que quieren hacer las nuevas mamás.

Si tu perro brinca (y especialmente si a la mamá le hicieron una cesárea), considera la posibilidad de que una tercera persona te ayude. En estos casos, lo más fácil es que papá se encargue de Barney mientras entra mamá. La abuela puede llevar a Brianna, seguro que estará encantada de que se lo pidan. Si no tienes una tercera persona, ata a tu perro con una correa cuando entre mamá. No querrás entrar por la puerta y luego gritar a Barney porque te ha hecho daño sin querer al hacer su baile de bienvenida.

Para el primer encuentro, tómate las cosas con calma. Haz que Barney vaya primero a visitar a mamá. Esto le dará la oportunidad de saludar, asentarse un poco y tener otra oportunidad de investigar el olor de Brianna antes de conocerla. Deja que Barney pase todo el tiempo que quiera con mamá. Cuando esté preparado, acerque a Brianna. Uno de los padres puede sostener al bebé, mientras el otro supervisa a Barney. Deja que la olfatee durante un momento o dos y luego dale un Kong de peluche (previamente preparado) o un hueso para masticar.

Ofrece a Barney muchas oportunidades breves de olfatear a Brianna en las próximas horas y días. No tengas prisa. Tienen toda una vida para hacerse amigos.

• Los primeros meses

El tiempo va a ser un borrón en los próximos meses. En gran medida tu vida irá en piloto automático.

Durante este tiempo, te alegrará haberle enseñado a tu perro a utilizar juguetes como los Kongs. Compra varios y rellénalos todos una vez por semana. Guárdalos en la nevera o en el congelador, para que siempre tengas uno disponible cuando lo quieras. Dale a Barney un Kong después de que Brianna se despierte, para que aprenda a equiparar a Brianna con «cosas buenas». Al masticar atentamente su juguete, a Barney le encantará estar contigo mientras alimentas, vistes, cambias y abrazas a Brianna.

Enseña a Barney los nombres de algunos de sus juguetes. Luego, cuando busque algo que hacer, puedes animarle a que vaya a buscar su serpiente, su cuerda o su pelota. Saldrá alegremente de caza y volverá victorioso, agitando su juguete en la boca. A continuación, si lo deseas, puedes jugar con él a un pequeño juego de búsqueda, lanzando el juguete al pasillo (o incluso mejor, bajando las escaleras) para que lo persiga. Es una forma estupenda de que Barney gaste algo de energía sin que usted tenga que esforzarse.

Practica que Barney «se acueste» (como se enseña más adelante en este capítulo) cuando estés cambiando los pañales. Siempre he preferido cambiar los pañales en el suelo porque no había que preocuparse de que el bebé rodara y había mucho espacio para maniobrar. Estar tan cerca de pañales aromáticos y de un bebé que se menea es terriblemente tentador para un perro. Independientemente del lugar que elijas para cambiar a Brianna, si Barney está siempre en la alfombrilla, no tendrás que preocuparte de que esté debajo de los pies o de que participe demasiado en el proceso.

• La movilidad en el mundo

A medida que tu hija empieza a rodar, a gatear y a caminar, su mayor movilidad puede empezar a preocupar a Barney. Mientras que antes Brianna se quedaba donde la ponías, ahora puede meterse entre las cosas. Empezará a explorar detrás del sofá y debajo de la mesa de centro, zonas que antes solo pertenecían al perro. Es entonces cuando pueden empezar a surgir los problemas.

Si tu perro muestra algún signo de vigilancia de recursos (véase el capítulo 4), recoge todos sus juguetes y huesos y llama a un adiestrador.

Es más probable que encuentres problemas de espacio. Da siempre a tu perro una vía de escape. Parece muy obvio pero, créeme, he estado en varias casas en las que la parafernalia de los niños llenaba el suelo hasta el punto de que el perro se sentía atrapado.

Asegúrate de que tu perro siempre tenga espacio para que pueda alejarse si lo desea.

Si tu perro puede subirse a los muebles, ten en cuenta los problemas de lucha o huida. Bella, una beagle de ocho años, mordió a Emily, de trece meses, cuando la niña empezó a utilizar los muebles para levantarse. Un día, la siesta de Bella en un sillón se vio interrumpida por la repentina aparición de Emily, que se había agarrado al cojín del asiento para ponerse de pie.

Bella no podía retroceder porque los brazos y el respaldo de la silla la limitaban. Reaccionó mordiendo la cara de Emily. Afortunadamente, mostró una excelente inhibición de los mordiscos, y la única lesión de Emily fue una pequeña marca roja que desapareció al cabo de unas horas. La madre de Emily me llamó inmediatamente y concertamos una cita para vernos al día siguiente. Con algunos cambios en el manejo y la supervisión —como la supervisión cuidadosa para asegurarse de que Bella siempre tiene una ruta de escape y el uso de puertas para bebés para mantener a Bella y Emily separadas cuando los padres no pueden estar al lado de ellas— creo que esta familia será capaz de manejar con seguridad las interacciones de Emily y Bella para prevenir cualquier incidente futuro.

Además de las vías de escape, asegúrate de que Barney tenga un lugar propio, un lugar al que Brianna no pueda ir. Para muchos perros será su jaula, pero puede ser una cama o un rincón especial. Define claramente la zona para que estar segura de que Brianna siempre se aleja cuando se pasea hacia el refugio de Barney.

No permitas que tu hijo tire o se apoye en tu perro. La única vez que Midas gruñó a uno de mis hijos fue cuando Justin, de diez meses, se arrastró por sus costillas con los dedos pegados. Supongo que le hizo daño, pero puede que reaccionara simplemente por miedo. En cualquier caso, yo estaba demasiado lejos y debería haber estado allí para intervenir antes de que él se arrastrara sobre ella. Eso fue culpa mía, no de ella.

Esperamos de los perros un comportamiento más tolerante que el que se espera de los miembros adultos de cualquier otra especie, incluidos los humanos. De verdad. Piénsalo. ¿Con qué frecuencia coges a tu perro para sacarle algo del pelaje o le levantas una oreja para ver si hay que limpiarla?

Ahora imagina que le haces eso a un gato… o a tu cónyuge. Seguramente lo harás con tus hijos durante unos años, pero a medida que envejezcan, empezarán a decirte que te alejes un poco. Intentemos tener la misma consideración con los perros.

• ¿Necesitas ayuda?

Un perro activo seguirá necesitando mucho ejercicio. Un paseador de perros puede ser de gran ayuda. Hay muchos paseadores de perros profesionales, pero también es posible que tengas un amigo o vecino que esté dispuesto a sacar a Barney de paseo cada día. Pregunta también a tus amigos sin perro. A veces no tienen tiempo o energía para tener un perro, pero disfrutan pasando tiempo con un «perro prestado».

Si a Barney le gustan otros perros, no hay nada mejor que el desahogo energético que se produce cuando los perros juegan juntos. Intenta concertar citas para jugar con perros vecinos. Si no es posible, muchos lugares tienen ahora guarderías para perros. Un día muy activo en la guardería puede proporcionarte varios días con un perro tranquilo, una inversión que vale la pena para su cordura.

Un perro cansado es un buen perro

Los perros poco ejercitados hacen travesuras. Para ser justos, no es realmente una travesura —es un comportamiento canino normal— pero puede que no sea un comportamiento que estés acostumbrado a ver en Barney. Es probable que tú también te comportes así cuando estás aburrido: puedes ver la televisión, dar un paseo en bicicleta, leer un libro o comer galletas de chocolate, pero Barney no puede decidir simplemente ir a dar un paseo de una hora sin ti. En su lugar, hará lo que hacen los perros… morder, ladrar, escarbar, molestarte para que le prestes atención o patrullar la casa en busca de migajas. Ayúdale a encontrar una salida adecuada para su energía.

Formación

Enseñar a Barney unos cuantos comportamientos y practicarlos hasta que sean fuertes será un tiempo bien empleado. A los perros les reconforta saber lo que se espera de ellos. La incertidumbre les produce ansiedad, así que dedica tiempo a enseñar a Barney lo que quieres que sepa y será el miembro más feliz de la familia.

• Sit

Sentarse es una maravillosa habilidad básica. Piensa en todos los problemas de comportamiento que podrían resolverse simplemente diciéndole a tu perro que se siente. Si salta para buscar galletas en el mostrador, dile que se siente. Si tu suegra está intentando entrar por la puerta principal, dile que se siente. Si estás ocupado con bolsa de pañales, dile que se siente.

Afortunadamente, sentarse también es una habilidad fácil de enseñar si tu perro aún no la conoce: por supuesto que sabrá sentarse, pero ¿se sienta cuando se lo pides?.

Coge una golosina y manten tu mano a la altura de la nariz de Barney. Mueve suavemente la golosina hacia su nariz para que pase justo por encima de su cabeza. Básicamente, está invadiendo su espacio. Si mantiene la golosina apenas por encima de su nariz, probablemente doblará sus patas traseras hacia abajo mientras se aparta de su mano.

En el momento en el que tu perro se siente, chasquea la lengua y dale la golosina. Una vez que se le dé bien hacerlo, empieza a decir la palabra «siéntate» *antes de* atraerlo a su posición. Pronto podrás conseguir que Barney se siente simplemente diciendo «siéntate». Marca una distinción clara entre sus señales físicas y verbales. La mayoría de los perros se basan en el lenguaje corporal incluso cuando sus familias creen que el perro entiende sus palabras. Tener una señal verbal es una gran ayuda cuando sus manos están llenas, como a menudo lo estarán.

• Ir a la cama

Enseñar a Barney a «irse a la cama» o a «tumbarse» en su alfombrilla bien merece el tiempo de entrenamiento. Compra unas cuantas alfombrillas y coloca una en cada una de las habitaciones en las que pase mucho tiempo. Tener una zona claramente definida, como una alfombrilla, facilita el adiestramiento tanto para usted como para Barney. Aprenderá más rápido si el suelo cambia bajo sus pies.

El adiestramiento de «ir a la cama» será más rápido si puede prestar toda su atención a Barney, por lo que es una gran habilidad para enseñar antes de que llegue Brianna. Si tu bebé ya ha nacido, intenta realizar las primeras sesiones de adiestramiento cuando Brianna esté durmiendo o haya otra persona disponible para vigilarla, de modo que pueda centrarse exclusivamente en Barney.

Las sesiones de entrenamiento cortas son más divertidas y fructíferas

Decide que solo entrenarás durante cinco minutos cada vez. Las sesiones de entrenamiento más largas pueden ser frustrantes para ambos. Toma nota de los progresos realizados en cada sesión. Se irán acumulando unas a otras, y pronto tendrás el comportamiento completo.

Comienza con un pequeño cuenco de golosinas que puedas lanzar. Siéntate en algún lugar de la habitación y observa a Barney. Solo obsérvalo; no intentes atraerlo hacia la alfombra ni le digas que vaya allí. Cada vez que mires en dirección a su colchoneta, chasquea la lengua y lanza una golosina hacia la colchoneta.

Pronto, Barney estará cerca de la alfombra porque es allí donde llegan las golosinas. En ese momento, comienza a observar sus patas. Cuando tenga una pata (cualquiera) en la alfombra, chasquea la lengua y lánzale una golosina.

Recuerda, solo cinco minutos por sesión. Puede que sea el momento de descansar.

Cuando Barney sea bastante consistente en tener al menos una pata en la alfombra, eleva tu criterio a dos. Ahora solo chasquearás la lengua cuando tenga dos patas en la alfombra. ¿Lo has conseguido? Entonces vamos a por las tres patas.

Cuando Barney se quede con tres patas en la alfombra, puedes empezar a añadir tu palabra de referencia. A mucha gente le gusta «vete a la cama», «túmbate» o «tranquilízate». Elige algo fácil.

Empieza a moverte por la habitación. Chasquea y lanza golosinas solo cuando Barney tenga tres patas en la alfombra, independientemente de dónde estés. La mayoría de los perros se aburrirán y se acostarán solos. Eso es maravilloso. Por supuesto, lanza golosinas si lo hace. En las etapas iniciales del adiestramiento, mantén la tasa de refuerzo lo suficientemente alta como para que Barney piense que alejarse no vale la pena. Si se queda en su colchoneta, las cosas buenas seguirán apareciendo.

También puede utilizar el concepto de «alfombra mágica». Cada vez que salga de la habitación, tire una sola golosina en la alfombra sin dejar que Barney la vea. Entonces, cuando vuelva a la habitación más tarde, descubrirá que la alfombra es un lugar muy reforzado. Es mágico. Aparentemente, las golosinas crecen allí espontáneamente. Pero si tienes un niño pequeño activo, la alfombra mágica puede no ser la mejor idea: no querrás que Brianna se coma las golosinas de hígado de Barney. Qué asco.

• Déjalo

Normalmente no enseño una señal separada de «déjalo», sino que simplemente el juego del nombre funciona bien. Sin embargo, en los primeros años con los bebés y los niños pequeños, corremos el riesgo de decir regularmente el nombre de Barney con una inflexión exasperada simplemente porque hay muchas cosas alrededor para que él investigue. Si caes en esa trampa, desarrolla una señal independiente con la Barney pueda apartarse de lo que está mirando.

Por lo tanto, vamos a enseñar esto igual que enseñamos el juego del nombre. Diga «déjalo» con una voz alegre y enérgica. Cuando Barney se vuelva hacia ti, chasquea la lengua y dale una golosina. Si no se vuelve hacia ti, levántate y aléjate de él.

Estamos condicionando un buen hábito. Los hábitos son difíciles de romper, así que pronto mirará cada vez que le llames. Y al hacerlo, apartará la mirada de lo que iba a coger.

• Déjalo, pero un déjalo diferente

Uy, no has visto a Barney coger el chupete y ahora se pavonea alegremente y un poco ridículo con él asomando por la boca.

Resumen para los cansados

¿Demasiado cansado para leer todo el capítulo? Ve a lo más destacado.

Durante el primer año tienes más control sobre el bebé, el perro y el entorno del que nunca más tendrás.

La mayoría de los perros se adaptan bien al nuevo bebé.

Es conveniente entrenar durante el embarazo. Hacerlo entonces ahorrará mucho esfuerzo y evitará muchos problemas posteriores.

Ayuda a Barney a pensar que Brianna es maravillosa haciendo que le ocurran cosas buenas cuando ella está cerca, no cuando está dormida.

Un perro cansado es un buen perro. Asegúrate de que Barney haga el ejercicio adecuado.

Si va a haber algún problema, normalmente verás las señales cuando tu bebé se vuelva más móvil, no justo al principio.

Da siempre a su perro la opción de alejarse.

CAPÍTULO 7
PREESCOLARES: SIEMPRE HAY ALGUIEN DEBAJO DE LOS PIES

SHUTTERSTOCK

Los niños de cinco años o menos, también conocidos como preescolares, son encantadores. Son inteligentes y enérgicos, curiosos y llenos de información, tontos y serios. Te mantienen alerta —física y mentalmente— mientras intentas ir un paso por delante de ellos.

Relación

Los niños en edad preescolar no tienen suficiente empatía para entender realmente cómo ser justos, amables y gentiles. Todavía están alcanzando esos hitos del desarrollo, por lo que los padres deben ayudarles en el camino. Esto significa que pasarás mucho tiempo interviniendo cuando Patrick y Pixie estén juntos.

Es importante entender que los niños están aprendiendo. Cuando son bruscos o poco amables, están experimentando con la causa-efecto. Aunque esto es normal, no siempre es seguro. Tenemos que asegurarnos de que los niños desarrollan la empatía de forma segura y humana.

Modelar el comportamiento adecuado es muy útil. A los preescolares les gusta formar parte de un equipo. Diles: «Nuestra familia nunca asusta a un animal. Somos amables con los animales». Lo dirás durante años, pero es una lección importante. El éxito se medirá en pequeños logros. Tal vez, dentro de unos años, en una excursión a la granja, Patrick no se una a los demás niños para perseguir a un pavo porque sabe que «nunca debemos asustar a un animal». Entonces te darás cuenta de que entiende lo que empezaste a enseñarle hace tiempo.

Aprender a observar el comportamiento de un animal y luego actuar adecuadamente es una habilidad importante. También es una gran defensa contra las mordeduras de perro.

Aprender a ser buenos amigos

Con los niños pequeños, ayuda demostrar lo que les gusta a los perros y describir lo que se hace cuando se interactúa con un perro.

Compra un perro de peluche que sea lo suficientemente grande para que Patrick lo acune en sus brazos. Habla de lo que estás haciendo mientras acaricias al perro de juguete. Luego, anima a Patrick a acariciar también al perro de juguete. A veces, puedes incluso acariciar al perro de juguete de forma brusca y decir: «Mira, cuando le doy un tirón a tu perrito, no le gusta. Le gusta más cuando soy suave».

Es útil utilizar etiquetas emocionales al describir el comportamiento de un perro: «Parece que Pixie está cansado y necesita una siesta» o «Creo que Pixie se pone un poco nervioso cuando haces ese ruido tan fuerte». A los niños pequeños les resulta difícil ponerse en el lugar de otra persona. Esta habilidad tarda años en desarrollarse, pero con orientación, Patrick puede convertirse en un amigo amable y cariñoso para Pixie.

ENSEÑAR LO QUE LES GUSTA A LOS PERROS

Todos los padres saben que es mejor enseñar a los niños en edad preescolar lo que deben hacer que centrarse en lo que no deben hacer. Este principio funciona tan bien a la hora de enseñar a tu hijo a interactuar con los perros como con cualquier otra cosa que le enseñes.

Comienza siempre cualquier sesión entre Patrick y Pixie pidiendo permiso a Pixie. Haz que Patrick se quede quieto y llama a Pixie hacia él. Lo mejor es que Pixie se acerque a Patrick. Esa es una forma de que el perro diga «sí, me gustaría estar contigo». Si Pixie no se acerca, está diciendo que no quiere interactuar en este momento. Sigue trabajando en las actividades de creación de relaciones para que Pixie aprenda a disfrutar de pasar tiempo con Patrick.

Practicad juntos las caricias adecuadas. Los perros prefieren las caricias firmes y lentas a las palmaditas ligeras en el cuerpo; sin embargo, es más probable que las personas den palmaditas a un perro que lo acaricien. Ayuda a Patrick a empezar con buen pie mostrándole cómo dar a Pixie unas buenas caricias en lugar de unas palmaditas poco agradables.

Recuérdale a Patrick que tenga cuidado con la cara de Pixie. Dile a Patrick que Pixie se preocupa cuando alguien se acerca a sus ojos y oídos. La mayoría de los niños reconocen que tampoco querrían que alguien les tocara la cara. Anima a Patrick a que acaricie suavemente a Pixie por el lado del cuello, en el pecho o a lo largo de su cuerpo.

Observa a otros perros y habla de lo que ves: «¿Crees que a Sasha le gustó que Jonathan corriera hacia ella?». Incluso los niños más pequeños pueden identificar correctamente las cosas que ponen nerviosos a los perros cuando se sientan en el asiento del observador.

Ten en cuenta que los hábitos son difíciles de romper. Si enseñamos a Patrick lo correcto desde el principio —y supervisamos todas sus interacciones con los perros— desarrollará *buenos hábitos* muy sólidos.

Enseñar lo que los perros no disfrutan

Cuando Patrick y Pixie están juntos, tienes que estar con ellos. Tu trabajo es asegurarte de que ambos se diviertan. Es un trabajo duro, pero puedes hacerlo. Vigila de cerca la interacción e interviene cuando sea necesario.

La mejor manera de saber si Pixie está disfrutando de algo es detener la interacción, alejarse y ver si lo busca de nuevo. Eso es muy difícil para los preescolares. En cambio, persiguen al perro y quieren una interacción constante. Utiliza técnicas de distracción para que Patrick deje de seguir a Pixie.

Recuerda que a todos los niños, pero especialmente a los preescolares, les cuesta mucho más entender lo que *no hay que hacer* que lo que hay que hacer. Intenta evitar decir «no» todo el tiempo. Puede que haya que usar frases creativas, pero busca formas de decirle a Patrick lo que debe hacer. Aquí tienes algunas sugerencias:

- «No tires del collar de Pixie» puede ser «Usa tu voz alegre para llamar a Pixie».
- «No la molestes mientras duerme» puede ser «Vamos a buscar un libro para leer mientras Pixie se echa una siestecita».
- «No le pongas la gorra en el cuello» puede ser «¿Me toca llevar tu gorra? Me encanta el color azul brillante».

Mientras le enseñas a Patrick lo que le gusta a Pixie, también deberías dedicar tiempo a hablar de algunas de las cosas que no le gustan.

A la gente le gusta acariciar a los perros en la parte superior de la cabeza, pero a los perros no les gusta mucho esa atención. Tienen un punto ciego ahí arriba y suelen levantar la cabeza para ver lo que usted hace. Esto hace que sus dientes estén muy cerca de tu mano. ¿Realmente quieres que la mano de Patrick se sitúe sobre los dientes de todos los perros que conoce?

Los perros no son juguetes ni muñecos. En teoría, esto es algo que todos sabemos y aceptamos, pero a veces los padres permiten que los niños interactúen con los perros de forma peligrosa.

Los niños no deben coger o llevar a los perros, ni siquiera cuando el perro es joven o pequeño. Permite a Patrick tener con su perro el mismo tipo de interacción que le permitiría tener con un bebé. «Sé amable, Patrick. Es solo un bebé. ¿Por qué no te sientas aquí y pongo al bebé (o al cachorro) en tu regazo? No, no puedo dejar que la cojas si no estás sentado. Así es. Ahora, si estás muy tranquilo lo pondré en tus brazos».

Los cachorros no son tan frágiles como los bebés, por supuesto, pero aún así debemos tratarlos con delicadeza y respeto. Es una sensación aterradora que un niño inseguro te levante y te lleve. Es bastante común que los cachorros y los perros pequeños aprendan a contonearse y/o a chasquear para que los bajen, un patrón de comportamiento terrible.

A los perros tampoco les gusta mucho jugar a disfrazarse. Es probable que las niñas persigan a Pixie para ponerle un sombrero, un vestido o un moño. Una mejor opción es hacerte con unas cuantas bandanas para los distintos papeles que tu hija quiere que desempeñe Pixie: una rosa brillante para cuando sea la princesa Pixie, una azul para cuando sea la perra policía Pixie y una blanca para cuando sea la florista Pixie. Añade un cierre de velcro a cada pañuelo para que tu hija pueda ponérselo y quitárselo rápidamente. Así Pixie no tendrá que estar quieta mucho tiempo.

Ten en cuenta que, aunque Pixie puede tolerar bastante que tu hija la vista con pañuelos, probablemente no querrá participar en la misma actividad cuando tu hija tenga una amiga en casa. El nivel de estrés aumenta exponencialmente.

Algunos recordatorios finales para que tengas en cuenta con Patrick:

- Los perros se ponen nerviosos si los miramos fijamente.
- Los perros son más rápidos que las personas, así que no debemos huir de un perro. En su lugar, sé un árbol (véase el capítulo 3).
- Si un perro tiene comida o un hueso, déjalo en paz.
- Deja que el perro se acerque a ti en lugar de que tú te acerques al perro.

Ser deliberadamente antipático

Los niños en edad preescolar son muy emocionales. Son propensos a los cambios de humor y a las rabietas. A veces, en medio de una rabieta, Patrick puede golpear o patear a Pixie. Si lo hace, debes dejarle claro a Patrick que esas acciones son inaceptables.

Envía a Patrick a su habitación para que piense en lo que ha hecho. Cuando regrese y se calme de nuevo, habla con él sobre cómo su comportamiento afectó a Pixie y explícale, de nuevo: «Nuestra familia es amable con los animales. Queremos a Pixie y queremos que sea feliz». A continuación, haz que coja algunas golosinas e invita a Pixie a jugar a uno de los juegos de entrenamiento de este capítulo.

GESTIÓN

Voy a ser sincero. La etapa de preescolar es realmente difícil. Tus hijos tienen mucha movilidad e interés en el perro, y realmente tienes que estar ahí supervisando e interviniendo. Una y otra vez. Hasta la saciedad.

NUNCA DEJES A UN NIÑO SOLO CON UN PERRO

Este es el consejo más común que se da a los padres. La realidad no es tan clara: ¿qué hacer cuando Patrick está viendo un vídeo, Pixie duerme junto a la puerta de casa y tú necesitas ir al baño? Lo mejor que puedes hacer es llamar a Pixie para que te acompañe o poner una puerta para bebés entre ambos. Las cosas pueden deteriorarse muy rápidamente cuando no estás allí.

Trabaja en el juego de nombres con Pixie y haz que se acostumbre a venir hacia ti. No querrás ir a buscarla cada vez que necesites que se mueva a otro lugar.

LA COMIDA, ¿ES MÍA O TUYA?

Los niños en edad preescolar se alimentan de manera notoriamente desordenada, lo que los hace particularmente atractivos para los perros. Si tiene la oportunidad, Pixie se sentará junto a Patrick con la cabeza en su regazo esperando a que caigan las golosinas. Patrick se reirá mientras ella las sorbe rápidamente y retoma su postura de adoración. Pronto formarán un frente unido contra su búsqueda de hábitos alimenticios saludables.

Si quieres que Patrick coma al menos una parte de lo que hay en su plato, haz que Pixie se mantenga fuera de la cocina mientras el niño come. Para ello, puedes utilizar puertas para bebés, enseñarle a tumbarse en una alfombra (véase el capítulo 6) o colocar cuerdas de delimitación (véase el capítulo 8). Cuando Patrick termine de comer y haya llevado su plato al fregadero (con mayor o menor éxito), deja que Pixie venga a comer lo que a Patrick se le haya caído al suelo.

No dejes que tus hijos anden por ahí con comida. Cuando Patrick se va con una galleta, es probable que Pixie se la quite de la mano. Los perros son carroñeros, por lo que hay que estar muy atento con la comida que se le ofrece. Los niños que visitan la casa pueden estar ansiosos por tener a Pixie cerca si está acostumbrada a coger comida. Ellos —o sus padres— pueden incluso percibir su comportamiento como agresivo. Lo mejor es regular cuándo y dónde pueden comer los niños y vigilar el comportamiento de Pixie durante esos momentos para evitar que se produzca este problema.

Formación

¿Estás listo para entrenar? Genial. Puedes ayudar a Patrick a entrenar a Pixie haciendo que esta empresa sea muy divertida. No esperes que Pixie responda a Patrick tan fácilmente como a ti. Incluso un adolescente no suele obtener la misma respuesta de su perro que la de sus padres, a menos que esté muy comprometido con el trabajo con el perro.

Asegúrate de enseñar a Pixie cada nuevo comportamiento y de que lo entienda bien antes de que Patrick trabaje con ella. Y no esperes que Pixie obedezca a Patrick a menos que estés allí mismo supervisando. Los niños tienden a repetir las órdenes una y otra vez, y los perros aprenden a ignorarlas. Si usted está allí, puede hacer un seguimiento de las órdenes de Patrick y ayudar a Pixie a tener éxito, y evitar el ligero «desentrenamiento» que puede estar ocurriendo.

• Regalar golosinas

La destreza manual es un reto para la mayoría de los niños en edad preescolar: es normal que les cueste sostener una golosina para perros y luego soltarla. Patrick puede asustarse si Pixie le engulle toda la mano cuando coge una golosina. Incluso un contacto suave con los dientes puede asustar a un niño. A veces escucharás «me ha mordido» cuando Pixie no lo ha hecho.

Es mejor encontrar una manera de evitar esa preocupación que tener que tranquilizar a un niño asustado. Hay muchas maneras de hacer que esto sea un poco más fácil y menos aterrador para los niños pequeños.

- Deja caer las golosinas al suelo.
- Dale a Patrick un cuenco para que lo sostenga mientras Pixie come de él. Llena el cuenco con una golosina cada vez.
- Sostén la golosina en una palma abierta para que el perro la lama.
- Pon la golosina en el dorso de la mano del niño. Los niños pequeños suelen tener problemas para

mantener la mano abierta. Sus dedos se enroscan y forman un cuenco. En este caso, puede ser mejor enseñar a Patrick a extender el puño (con los dedos hacia abajo) y que tú coloques la golosina de Pixie encima de su mano.

- Haz que Patrick se siente en la encimera o en la mesa de la cocina (con usted de pie allí, por supuesto) y que le lance golosinas a Pixie. Esta puede ser una buena opción para los perros saltarines, para que tu hijo no se golpee ni se asuste.
- Si Pixie muestra algún signo de vigilancia de los recursos, no haga que Patrick le dé golosinas.

• Juego de nombres estilo preescolar

Enseñar a Pixie a girarse y mirar cuando oye su nombre es una lección importante; de hecho, puede ser el comportamiento más vital que le enseñes. A veces basta con decir el nombre del perro para desviar la atención de todos por un momento y permitir que las cosas se calmen. El capítulo 8 incluye una descripción de cómo enseñar el juego del nombre. Asegúrate de que puedes hacer el juego del nombre con Pixie antes de entrenar a Patrick en la versión preescolar.

La versión preescolar del juego del nombre es algo más sencilla. Cuando Patrick esté cerca de ti, haz que llame a Pixie con voz alegre. Si ella se vuelve y le mira, él debe darle una golosina que realmente le guste. Si ella no mira, usted debe hacer algo para solicitar su atención: hacer un ruido gracioso o golpear con el pie. Cuando mire, debería ganar algo que siga siendo bueno, pero no tan delicioso como lo que habría recibido si hubiera mirado cuando Patrick le llamó. Patrick debe entregar tanto las golosinas buenas como las no tan buenas. Asegúrate de estar cerca de Patrick, porque queremos que Pixie se gire en su dirección, no solo hacia ti.

Pixie aprenderá que mirar hacia Patrick cuando la llama es algo bueno, y mirar de inmediato es aún mejor porque significa que recibirá algo realmente rico. De cualquier manera, ella gana y Patrick también: estás construyendo una relación positiva entre ellos.

- **Adiestramiento en jaulas**

Un niño en edad preescolar no debería ser responsable de meter al perro en la jaula y cerrar la puerta; pero con supervisión, puede dar la señal y lanzar una golosina dentro. Si ha hecho un buen trabajo con el adiestramiento de la jaula, Pixie estará encantada de entrar sin importar quién dé la señal. Véase el capítulo 5 para más información sobre las jaulas.

- **Sentado y quieto**

Hay un montón de órdenes fáciles que un niño de preescolar puede hacer con un perro que entiende el comportamiento. Recuerda que es un adulto quien enseña todos los comportamientos nuevos. Los niños pueden dar señales para las habilidades familiares.

Desde los dos años, mis hijos alimentaban al perro diciéndole que se sentara y se quedara quieto y luego sacaban la comida de la bolsa. Luego ponían el cuenco en algún sitio y gritaban «vale» para que el perro saliera a buscar el cuenco. ¿Quién se aseguraba de que el perro se quedara? Yo. Yo supervisaba que todo saliera como estaba previsto.

Patrick puede dirigir otra acciones divertidas y bastante fáciles. Puede decirle a Pixie que se siente y esté quieto y luego dejar caer una golosina al suelo. Se asegurará de que ella no se mueva hasta que él le diga que está bien. Puede decirle que se quede sentada y caminar un poco lejos de ella y luego volver para darle una golosina. También Pixie puede quedarse sentada mientras Patrick hace rodar una pelota hasta que él le diga que la recupere.

• **Senderos de Hansel y Gretel**

Dale a Patrick un pequeño cuenco con golosinas y dile que cree un rastro para que Pixie lo siga. Mantén a Pixie cerca de ti mientras Patrick pone una golosina cada metro aproximadamente. Cuando haya trazado todo el camino, dígale que vuelva y le diga a Pixie que se siente. Después de que el perro se haya sentado, es el momento de dar la orden y dejar que Pixie comience a devorar el rastro de golosinas.

Resumen para los cansados

¿Demasiado cansado para leer todo el capítulo? Ve a lo más destacado.

Esta es una etapa muy dura, ¡pero puedes hacerlo!

Recuerda que los niños en edad preescolar están empezando a desarrollar la empatía. Tu trabajo consiste en supervisar e intervenir para garantizar que todas las interacciones con el perro sean amables y justas.

Los perros de peluche son buenos sustitutos. Anima a tu hijo a redirigir sus abrazos y juegos físicos hacia su perro de mentira.

Cuando no puedas supervisar, separa a los niños y al perro.

Los preescolares pueden trabajar con los perros bajo la supervisión de un adulto, pero no esperes que los perros escuchen o respeten a los niños como lo hacen contigo.

Organiza actividades divertidas que tu hijo y tu perro hagan juntos.

Los buenos hábitos son difíciles de romper. Ayuda a los niños a aprender las formas correctas de interactuar con los perros cuando son pequeños y se convertirán en amantes de los animales para toda la vida.

CAPÍTULO 8
LOS ALUMNOS DE PRIMARIA:
¿A QUIÉN LE TOCA ALIMENTAR A EDZO?

SHUTTERSTOCK

Cierra los ojos y piensa en un niño y un perro que sean los mejores amigos. ¿Quién te viene a la mente? Charlie Brown y Snoopy. La huerfanita Annie y Sandy. Timmy y Lassie. Si piensas en un niño y un perro como mejores amigos, lo más probable es que el niño tenga entre seis y doce años.

Los años de escuela primaria son un periodo de gran crecimiento emocional. Se aprenden muchas habilidades nuevas y hay más estrés social. Cada día, estos niños navegan por aguas desconocidas, lidiando con cuestiones como si Samantha los invitará a su fiesta de cumpleaños, aunque Rebecca le haya dicho que no debería hacerlo.

Los perros pueden proporcionar un respiro a todo ese estrés, ya que ofrecen una amistad constante y sin prejuicios. Las características que los adultos aprecian en los perros —lealtad, empatía, consuelo y consistencia— son aún más valiosas para los niños a medida que se vuelven más responsables y socialmente conscientes.

Así que los alumnos de primaria y los perros son una pareja perfecta, ¿verdad? No necesariamente. Se necesita un perro especial para convivir con los niños y amarlos, y un padre implicado que ayude a que la relación sea gratificante para toda la familia.

Relación

El amor de un niño por su perro no es suficiente para establecer una buena relación con él. Aunque los niños tengan buenas intenciones, los perros y los niños pueden tener grandes malentendidos.

A menudo le hablo a la gente de mi sobrino Andrew, de ocho años, que ama a los perros tanto como yo. Adora a su perro, Presto, una mezcla de *border collie* y labradror de cuatro años. Andrew también es un temerario, ¡prometo que no ha heredado ese rasgo de mí! Un día, cuando estaba en el salón de Andrew y Presto mordía un juguete Kong a mi lado, Andrew apareció de la nada, gritó «¡Presto!», saltó del cuarto escalón al suelo y dio una voltereta, aterrizando junto al perro.

Incluso el perro más paciente merece un tiempo de inactividad

Algunos perros se habrían asustado ante un saludo así. Habrían huido, mordido o incluso se habrían llevado por delante al niño descontrolado que había invadido su espacio. Pero Presto no. En lugar de morder la cara de Andrew, Presto levantó tranquilamente la vista de su juguete para masticar y lamió la mejilla de Andrew.

Estaba muy agradecida de que Presto pensara que un niño volando hacia él no era nada de lo que preocuparse. Ese tipo de ecuanimidad es el resultado del temperamento, no del adiestramiento. Presto es un perro estupendo para los niños. Le dije a mi hermana (la madre de Andrew) que no me importa cuántas magdalenas robe del mostrador, a la hora de la verdad Presto es un perro fabuloso.

Algunos niños demuestran su amor por los perros molestándolos. Jocelyn tiene ocho años y no vive con un perro, pero cuando visita la casa de Andrew sigue a Presto de habitación en habitación, diciéndole lo que quiere que haga. «Siéntate, Presto. Coge tu juguete. No, ese juguete no, el otro. Tráelo, chico. Ve a buscarlo, chico. Presto, ve a buscarlo». La maternal niña habla sin parar con Presto, que hace lo posible por interactuar con ella. Sin embargo, al final huye hacia mi hermana y le suplica que lo alivie.

Creo que la respuesta de Presto no solo es razonable, sino que es necesaria. Los perros necesitan tiempo con su gente, pero también necesitan un tiempo de descanso. Presto es un perro muy tolerante: un perro que se sintiera menos cómodo con los niños necesitaría más ayuda y la necesitaría antes. Asegúrate de que tu perro siempre tenga la oportunidad de alejarse a un lugar privado (como su jaula) donde pueda ir y los niños no puedan seguirle.

Los niños de primaria (sobre todo los de cursos superiores) son lo suficientemente mayores como para saber ser justos con sus perros de una forma que los niños de preescolar no pueden comprender. Estos niños mayores saben que deben ser amables y, la mayoría de las veces, lo son. Sin embargo, no tienen la edad suficiente para asumir la responsabilidad total del cuidado de un perro. No se puede esperar que realicen las tareas relacionadas con el perro sin que usted les indique y supervise. Esto no quiere decir que no deban tener trabajos relacionados con el perro. Soy una gran partidaria de que los niños participen en la medida de sus posibilidades, pero hay que reconocer que serás tú quien se asegure de que esas tareas se realicen.

En la mayoría de los casos, los niños de primaria no tienen la edad ni la fuerza suficiente para pasear a sus perros solos. Una vez, cuando mi hijo Justin tenía once años, quiso sacar a nuestro perro Gordo a pasear. Yo los acompañé, pero Justin sujetó la correa. Todo iba bien hasta que, de repente, un gato salió corriendo de debajo de un arbusto y llegó a la calle. Gordo lo persiguió con entusiasmo… con Justin a cuestas. Justin estaba a metro y medio de la carretera antes de que yo pudiera llamar a Gordo para que volviera. Mi corazón se detuvo en ese breve momento.

Una vez que todos nos recuperamos de la conmoción, Justin y yo hablamos de cómo podría manejar esa situación si volviera a ocurrir. Le dije que debería soltar la correa. Sería horrible que un coche atropellara a mi perro, pero sería mucho, mucho peor que atropellaran a mi perro *y a* mi hijo.

Gordo no suele perseguir a los gatos. Sabía que Justin estaba sujetando la correa, así que creo que aprovechó la oportunidad para un poco de diversión no autorizada. Pero esa diversión podría haber tenido consecuencias desastrosas.

Lo malo de ser entrenadora de perros y madre a la vez es que veo el peligro en todas partes

En las clases que imparto veo muchos perros saltarines. Las herramientas de manejo, como los arneses de clip frontal y los cabestros, pueden facilitar el control de estos perros por parte de los niños, pero los padres siempre deben ser conscientes de los posibles problemas. ¿Perseguiría Edzo a un gato? ¿Tiraría de su hijo hacia otro perro? ¿Se abalanzaría con entusiasmo sobre algo y, en el proceso, haría que Elaine se cayera y posiblemente se lesionara? ¿Se asustaría ante un ruido fuerte, como el de un camión de la basura o un camión de bomberos, y saldría corriendo mientras su hijo se aferra a la correa para salvar su vida?

Cada día veo un millón de desastres potenciales. El 99 % de esas catástrofes por suerte no se producen. Pero el 1 % restante es un 1 % de más. Por eso es fundamental que conozcas a tu hijo y a tu perro antes de dejarlos ir a cualquier sitio sin supervisión.

En casa, los niños de primaria necesitarán menos supervisión, pero siempre hay que vigilar a Edzo cuando esté cerca de los niños. Esos momentos son momentos de enseñanza: grandes ocasiones para ayudar a sus hijos a aprender a comportarse con sus perros. Estos momentos son más que oportunidades para corregir; es mucho mejor pillar a tus hijos haciendo algo bien que reprenderlos por hacer algo mal. No basta con decir: «No asustes al perro». También tendrás que decir algo como: «¿Te has dado cuenta de que Edzo ha venido a sentarse a tu lado cuando estabas leyendo? Creo que le gusta estar cerca de ti cuando está tranquilo».

Habrá ocasiones en las que su hijo —por muy maravilloso que sea— será injusto o poco amable con el perro. En la mayoría de los casos, estas acciones no son intencionadas, pero aun así debe hablar de estos incidentes con su hijo. Si no se trata de algo grave o recurrente, suele bastar con señalar lo sucedido. «Creo que Edzo se asustó cuando le perseguiste. Por favor, no lo hagas».

Si la infracción fuera más grave, repetida o intencionada, hay que dejar claro que esos errores traen consecuencias. En otras palabras, hay que imponer una sanción. Para mis hijos, quedarse sin videojuegos es una medida bastante drástica; sin duda, es un incentivo suficiente para que el culpable haga un esfuerzo concertado para no volver a cometer el mismo error… y los otros dos niños traten de evitarlo también.

Tu hijo no es el único que necesita ser redirigido. A veces, también tendrás que redirigir al perro. Si observas alguna agresión, ponte en contacto con un buen adiestrador. Lo más probable es que veas lo que yo llamo «pecados de exuberancia», por ejemplo, perros que juegan de forma demasiado brusca con los niños, perros demasiado salvajes (ladrando, corriendo, saltando) en la casa o cachorros que juegan a morder.

Cuando se da alguna de esas circunstancias, enseño a los niños a «ser un árbol» (como se explica en el capítulo 3). Esto se debe a que, si los niños se quedan quietos, la mayoría de los perros se tranquilizan. Los cachorros también se calman, pero tardan un poco más. Si el comportamiento continúa, es hora de un «tiempo fuera». Dile a Elaine que se aleje lentamente del perro y, si estás en la habitación, también debes marcharse.

Piénsalo desde el punto de vista de Edzo: si pierde al niño, pero te mantiene a ti, ¿cómo de grande es la pena? Los padres deberían salir furiosos de la sala, haciendo como si estuvieran indignados. «¿Quién puede ser ese perro tan maleducado? Mi perro tiene mucho mejores modales». Puede que Edzo te siga, pero ignóralo y evita el contacto visual con él. Luego, después de uno o dos minutos, podéis volver a entrar e intentarlo de nuevo.

Los perros son sociales. No quieren estar aislados de sus familias. Si eres consecuente con las normas, Edzo aprenderá a jugar adecuadamente para no acabar con la interacción.

Si Edzo se pasa de la raya, probablemente querrás darle un descanso en su jaula. En los libros de adiestramiento de perros se dice que no hay que usar la jaula como castigo, pero a veces es conveniente una siesta. He mandado a mis hijos a sus habitaciones durante quince minutos de lectura tranquila y mi perro también ha ido a su jaula. Es momento para leer un capítulo de una novela, sabiendo que el caos volverá pronto.

GESTIÓN

• En casa con la familia

Tu hijo de primaria es lo suficientemente mayor como para aprender cómo su comportamiento afecta al perro. Los niños de preescolar a menudo no pueden establecer la conexión, pero los mayores pueden ver que si ellos están dando vueltas por la casa, el perro probablemente también lo esté haciendo. Dile a los niños mayores que los perros reflejan lo que ocurre. Si las cosas están tranquilas y calmadas, los perros estarán más tranquilos. Si las cosas están un poco alborotadas, es probable que el perro también esté revolucionado. Entonces, ¿cómo conseguir un nivel aceptable de interacción controlada y divertida?

Anime a sus hijos a jugar con sus juguetes y a interactuar con el perro. Un juguete muy largo —como una cuerda larga, una serpiente de peluche o incluso un juguete chirriante atado a una correa ligera— proporciona la longitud suficiente para que la boca de Edzo no se acerque a la mano de Elaine. Los juegos que implican una lucha con el perro están absolutamente prohibidos. La lucha es una forma leve de agresión y es mejor para todos si la evitamos. No dejemos que la agresividad forme parte del día a día de nuestra familia. Consulte la sección de adiestramiento de este capítulo para ver sugerencias de cosas seguras que sus hijos pueden hacer con su perro.

Es importante enseñar a los niños a calmar a un perro porque a menudo no se dan cuenta, hasta que es demasiado tarde, de que le han provocado un arrebato de frenesí. Una reacción común en este momento es que los niños salten al sofá y griten llamando a mamá o papá. Esto no ayuda a calmar al perro. Recuerda a tus hijos que, si quieren que el perro se calme, tienen que quedarse quietos o «ser un árbol».

Para calmar a un perro, cálmate tú

Dado que los niños de esta edad, especialmente los de seis a ocho años, todavía tienen problemas para regular su propio comportamiento, no los dejes completamente solos con un perro. Ya no es necesario que esté en la misma habitación con ellos cada segundo, como ocurre con los bebés y los niños en edad preescolar, pero al menos debe estar en la misma planta y escuchar atentamente —todo el tiempo— cualquier señal o sonido que sean sintomáticos de un problema. Si vas al sótano a vaciar la secadora, llama al perro para que te acompañe.

Nunca se debe permitir que los niños lleven al perro a una habitación y cierren la puerta (¡algo que a mis hijos menores les encantaría hacer!). Edzo siempre necesita la oportunidad de alejarse. La mayoría de las veces los perros muerden por miedo o cuando se sienten atrapados y no pueden escapar. No permitas que eso ocurra.

Que Edzo duerma en el dormitorio de Elaine no siempre es una buena idea. Si decides permitir esta práctica, asegúrate al menos de que tu perro no tiene tendencias de guardia ni muestra ningún otro comportamiento agresivo. Sé de una madre que entró para tapar a su hijo dormido, pero no pudo acercarse a la cama porque el perro le gruñó y chasqueó. Como el perro nunca había sido posesivo con los niños, ella simplemente no podía entenderlo. Resultó que su hijo de doce años había infringido una norma familiar y se había llevado comida a su habitación. El perro vigilaba un envoltorio de cecina sobre la cama.

La comida puede ser un problema incluso con los perros que no vigilan sus golosinas. En una familia con niños, la comida está por todas partes. Siempre hay un envoltorio vacío de una barrita de cereales o una caja de galletas escondida entre los asientos de mi furgoneta. Hay servilletas que no llegan al cubo de la basura, restos por el suelo, paquetes de chicles en las habitaciones y migas en las sillas de la cocina. Haz que los niños coman solo en determinadas zonas de la casa y mantén a Edzo alejado mientras comen, sobre todo si uno de tus ángeles tiene fama de ser torpe con el brócoli. Pero cuando los niños terminen, por supuesto, manda al perro a la zona del comedor para que limpie las migas que han dejado tus hijos.

• Sacar al perro en público

Los perros que viven con alumnos de primaria suelen ir a la parada del autobús, al patio de recreo y a los partidos de fútbol. Estas excursiones pueden ser grandes oportunidades para ayudar al perro a sentirse cómodo con muchas personas y diferentes entornos. Pero antes de llevar a su perro a uno de estos eventos, asegúrate de que le puedes controlar mediante la correa. Es posible que desees utilizar un arnés para el cuerpo con pinzas delanteras o un ronzal para obtener un control adicional (consulte el capítulo 5 para obtener más detalles). Decide la cantidad de adiestramiento y gestión del perro que estás dispuesto a realizar en cada evento. A veces, es posible que quieras ver el partido y no al perro. Si es así, deja a Edzo en casa.

Muchas personas utilizan cadenas de ahogo o collares de púas para tener un poco más de control sobre su perro. Dado que estos collares causan dolor al perro, su uso puede ser muy arriesgado, especialmente cuando hay niños. Supongamos que a Edzo le encantan los niños y que se abalanza sobre ellos con alegría. Usted lo lleva al partido de fútbol de Elaine con un collar de púas. Ahora, cada vez que se acerca a un niño, siente dolor. Niño, dolor, niño, dolor… no es una buena asociación para Edzo. El regocijo de Edzo puede convertirse en miedo, ansiedad o incluso agresión hacia los niños. Puede empezar a actuar en un intento de mantener a los niños alejados porque su experiencia ha sido que los niños cercanos le hacen recibir un doloroso «correctivo».

En cambio, debes estar preparado para ayudar a Edzo a lograr que sus esfuerzos por conocer a los niños sean recompensados. No le des desayuno y lleva en su lugar golosinas maravillosas. En vez de corregirle por su mal comportamiento, intenta centrarte en lo positivo. Cada vez que se siente, dale un trocito de hígado. Cuando te mire, dale una golosina. Cuando los niños se acerquen, diles que Edzo no puede saludar hasta que se siente.

Pide a los niños que le digan a Edzo que se siente (si no lo hace, díselo tú mismo). De este modo, Edzo se gana la oportunidad de interactuar con los niños y les enseña a interactuar de forma segura con los perros. Esta última lección puede ser especialmente valiosa para los niños que no tienen un perro propio.

Enseña a Edzo un par de trucos. A los niños les encantan los trucos y es probable que se aparten unos metros para ver al perro actuar. Una de mis clientes enseñó a su perro a hacer una reverencia, pero con un giro. Su señal era «¿quién es la reina?» y su perro se inclinaba ante ella. Ese fue su truco favorito en la parada del autobús escolar durante muchos años.

Se un defensor de tu perro y ayúdalo a gestionar estas situaciones estresantes. Repasa las señales de estrés comentadas en el capítulo 3 para que estés familiarizado con las formas en que Edzo demuestra que está harto. No permitas que los niños se abalancen sobre él. La mayoría de los perros no pueden lidiar con más de tres niños a la vez; algunos prefieren encontrarse con los niños de uno en uno. Sea cual sea el límite de tu perro, asegúrate de respetarlo. Si el grupo es más grande de lo que Edzo se siente cómodo, diles a los niños que tendrán que turnarse para visitarlo.

Los perros no se abrazan

Procura no permitir que los niños abracen a tu perro. Francamente, las demostraciones de dominación y el apareamiento son los únicos momentos en los que un perro hará algo parecido a un abrazo. A la mayoría de los perros se les puede enseñar que su familia considera los abrazos como un gesto amistoso, pero los abrazos son algo que los perros aprenden a tolerar de las personas que quieren. Que Edzo permita que Elaine le abrace no significa que tenga que permitir que lo hagan todos sus amigos.

• Perros saltadores

Si tu perro salta, considera la posibilidad de utilizar dos correas. Engancha ambas al collar de su perro y, cuando los niños se acerquen, deja caer la más barata al suelo y písala mientras sostienes la correa buena con las manos.

El hecho de pisar la correa adicional evita que el perro salte. A medida que tu perro mejore su capacidad de sentarse (porque los niños se lo piden, ¿recuerdas?), puedes empezar a dejar la correa en el suelo sin pisarla. Al final no la necesitarás en absoluto.

Si lo intentas con una sola correa, tendrás que asegurarte de que puedes mantener a los niños alejados mientras bajas y pisas la correa. Es más difícil de lo que parece, y a menudo los niños están sobre ti antes de que te des cuenta. Es mejor estar preparado, sobre todo en las primeras etapas del entrenamiento.

El uso de dos correas también facilita que los niños paseen al perro, contigo sosteniendo la segunda correa como respaldo. Yo lo hago siempre con los niños pequeños, pero no lo hice el día que Justin y yo salimos a pasear con Gordo. Si lo hubiera hecho, ninguno de los dos habría acabado en la calle.

Lo mejor de toda esta gestión es que Edzo disfrutará de las salidas relacionadas con los niños. Le encantarán estas oportunidades de conseguir hígado, queso *cheddar* y carne asada. También notará que le premias más cuando los niños están cerca, simplemente porque estarás haciendo más gestión. Luego, cuando los niños suban al autobús y se alejen, su tasa de refuerzo bajará drásticamente. Edzo se dará cuenta de que las cosas buenas ocurren cerca de los niños, por lo tanto, ¡los niños son buenos! Esta es la lógica canina en su máxima expresión.

• Con la empresa

Una vez me olvidé de preguntar a un visitante de seis años si tenía miedo a los perros. Carlton entró en mi casa, vio a Gordo y corrió hasta la mitad de la escalera chillando. Gordo, al que le encantan los niños, le siguió y le lamió la mano. El niño gritó: «¡Me ha mordido!».

Si su madre no hubiera estado allí mismo, me pregunto si nos habría creído a su hijo o a mí cuando dimos nuestra versión de los hechos. Francamente, el posible resultado me asusta un poco. Hay demasiada gente que piensa lo peor de los perros como para suponer alegremente que no va a pasar nada. Y es aún más preocupante considerar lo que podría haber ocurrido si Carlton hubiera corrido gritando por una casa cerca de un perro que se sintiera incómodo con los niños.

Así que primero, antes de que cualquier niño te visite, averigua si tiene miedo a los perros. Muchos niños lo tienen. Si es así, la gestión es su mejor opción. Pon a tu perro en tu habitación, en la cocina o en su jaula con un juguete para morder. En muchos casos, no merece la pena tener al perro suelto porque los niños asustados harán todas las cosas malas cerca de los perros. Sus acciones no son realmente malas, por supuesto, porque son comportamientos normales de ansiedad humana, pero correr, chillar y saltar sobre los muebles son bastante emocionantes para los perros. Se unirán a lo que creen que es un juego.

Si tienes un niño frenético entre manos, haz todo lo que esté en tu mano para calmarlo. La histeria es estresante para todos los que están alrededor, incluido el perro. Si la niña no consigue calmarse, pon al perro y a la niña en habitaciones separadas, incluso sal de casa si es necesario. Es muy raro, pero los impulsos depredadores de algunos perros se ven incitados por las sacudidas y los gritos, comportamientos de presa habituales. No pongas al niño ni al perro en una situación así.

Si los niños no tienen miedo a los perros, prepara un saludo adecuado entre ellos. Después, cuando el invitado haya tenido unos minutos para visitar a su perro, diles a los niños que se vayan a jugar y da al perro una razón para quedarse cerca de ti. Yo soy mucho más emocionante con mi perro cuando mis hijos tienen invitados. Le presto más atención y recompenso mucho más su buen comportamiento. Le encanta que vengan niños porque significa cosas buenas para él, pero no significa que esté jugando con los niños todo el tiempo.

Si estás ocupado y no quieres centrarte en su perro, utiliza opciones de manejo para mantener a Edzo cerca.

Considera la posibilidad de darle un Kong para que lo mordisquee, ¡si es que no tienes otras golosinas o juguetes! Bloquea el acceso a la habitación en la que estáis con puertas para bebés, sillas de cocina colocadas de lado o cuerdas de delimitación (como se explica en la sección de adiestramiento de este capítulo). Si vas a pasar de una habitación a otra, utiliza la correa de Edzo para atarlo a tu cinturón. Así sabrás que cuando cinco chicos bajen corriendo las escaleras como una manada de elefantes, Edzo no les seguirá ni les pisará los talones.

Convierte a tu perro en un «animal de fiesta» premiándolo cuando viene la compañía

Deja que los niños interactúen con Edzo todo lo que quieran siempre que estés allí para supervisar. La necesidad de supervisión disminuirá un poco a medida que los niños y los perros se vayan conociendo. Con el tiempo, los niños que te visiten a menudo se convertirán en amigos de Edzo. Dales a los niños golosinas y deja que trabajen con él. Vigila siempre a tu perro en busca de signos de estrés y asegúrate de darle descansos frecuentes. A mí me resulta estresante una tarde con cinco niños en casa, ¿por qué no lo iba a ser para mi perro?

Formación

Me encanta trabajar con niños de primaria. Son unos entrenadores increíbles. Siguen las instrucciones al pie de la letra y se emocionan cuando el perro hace lo que le han pedido. El adiestramiento refuerza la relación entre el niño y el perro y es muy empoderador. Los niños suelen sentir que todo el mundo les dice siempre lo que tienen que hacer; el adiestramiento de perros les da la oportunidad de tomar las riendas.

Dado que los niños adquieren nuevas habilidades mucho más rápido que los adultos, a menudo se encuentran entrenando a sus padres sobre cómo entrenar a Edzo. Es una ventaja: no solo pueden decirle al perro lo que tiene que hacer, sino que también pueden dirigir a mamá o papá. La mayoría de los niños no tienen muchas oportunidades de este tipo y les encanta.

Otra razón por la que me gusta trabajar con niños es que rara vez utilizan algún tipo de corrección física con el perro. Los adultos frustrados suelen querer golpear el hocico del perro cuando este muerde, empujarlo para que se siente o dar un buen tirón cuando el perro mira hacia otro lado. Acciones como estas pueden minar la confianza que el perro tiene en su familia. Las técnicas modernas de adiestramiento para perros no se basan en la fuerza, lo que las hace maravillosas para las familias porque el perro aprende a escuchar a todos, no solo a los que pueden forzarlo o intimidarlo.

Busca una clase de adiestramiento en grupo en la que se anime a los niños a participar. Ve y observa la clase para asegurarte de que es una buena combinación para tus hijos, tu perro y tú.

Los niños pueden ser grandes entrenadores de perros

Una advertencia: aunque los niños de esta edad pueden ser muy buenos entrenadores, no esperes (ni quieras) que Edzo escuche a Elaine y Ethan tan bien como te escucha a ti. La realidad es que los niños siguen siendo niños: tienden a dar demasiadas señales, a menudo para cosas que los padres no quieren que el perro haga, como llamar al perro a la mesa cuando están comiendo. «¡Ven aquí, Edzo, ven, ven aquí!». Los niños también son propensos a dar señales superpuestas o contradictorias (abajo, siéntate, ven, quédate) cuando Edzo no cumple con la primera petición.

Tendrás que encontrar el equilibrio adecuado para tu familia. Conocer los puntos fuertes y débiles de tu hijo te ayudará a decidir dónde establecer el nivel de obediencia. En mi casa, espero que mi perro responda adecuadamente a las señales que se le dan cuando el niño se queda quieto cerca del perro y le habla directamente. Así se evita que el niño siga al perro y le grite las señales.

Cosas divertidas para enseñar

Todo el mundo entrena a su perro para que se siente, pero seamos sinceros, ¡sentarse no es llamativo ni divertido! Los niños quieren más emoción, así que enséñales juegos interactivos. Antes de enseñar cualquier otra cosa, empieza siempre con el juego del nombre.

Juego del nombre

El juego del nombre es la base de la atención. Si tu perro te presta atención cuando dices su nombre, podrás evitar o detener todo tipo de comportamientos erróneos con solo gritar: «¡Edzo!».

Las reglas son sencillas. Dale a Elaine una pequeña taza con unos veinte pequeños premios de entrenamiento, como trozos de cecina, croquetas o guisantes. Dile que diga el nombre de Edzo una sola vez con voz alegre: «¡Edzo!». Cuando Edzo mire a Elaine, ella le lanzará una golosina.

Este juego es divertido para jugar con más de un niño. Haz que los niños elijan lugares en la habitación y se turnen para decir el nombre del perro. No hagas que vayan siempre en el mismo orden, porque un perro inteligente se dará cuenta rápidamente. Puedes orquestar el proceso diciendo los nombres de los niños para que sepan a quién le toca llamar al perro.

Si alguien llama a Edzo y este no mira, todos los presentes tienen que apartar la cara del perro durante quince segundos. En poco tiempo, Edzo aprenderá que tiene que mirar de inmediato.

No caiga en el hábito de dar segundas oportunidades. Diga «Edzo» una y solo una vez, y ganará o perderá en consecuencia. Este divertido juego es una forma fabulosa de construir la relación entre Elaine y Edzo.

Llega el día de la lluvia

Una vez que el juego de los nombres es fácil, es el momento de enseñar el de «es un día de lluvia». Todos los padres saben lo exasperantes que pueden ser los días lluviosos: los niños están dentro de casa, y lo único que se les ocurre hacer es molestarse entre ellos y quejarse del aburrimiento. Ese es un buen momento para el adiestramiento de perros.

Dale a cada niño una taza pequeña de golosinas para perros y asegúrate de que todos tienen el mismo número o te esperarán más lloriqueos. A continuación, dile a un niño que se «esconda» en la cocina. Al principio, el niño no se esconderá realmente, sino que se situará en el centro de la cocina y llamará al perro. Mientras Edzo trota hacia Elaine en la cocina, envía a su hermano Ethan al tocador. Después de que Elaine haga que Edzo se siente y reciba una golosina, Ethan puede llamar a Edzo y, mientras Edzo se mueve hacia Ethan, Elaine irá al salón. Cuando sea su turno de llamar de nuevo (después de que Ethan haya hecho que Edzo se siente para recibir una golosina), ella llamará y Edzo se dirigirá a la cocina solo para descubrir que Elaine no está allí. Mientras Edzo busca a Elaine, Ethan elige un nuevo lugar.

A medida que Edzo mejora en este juego, los niños pueden hacerlo más difícil poniéndose detrás de las puertas o sentándose en lugares inusuales. El juego termina cuando los niños se quedan sin golosinas: entonces todos pueden dirigirse a la cocina para descansar con unas galletas.

Escondite con juguetes

Una variante del «es un día de lluvia» es enseñar al perro a encontrar juguetes, no personas. Para empezar, haz que Elaine sostenga el juguete favorito de Edzo y le diga que se siente y se quede. Luego puedes situar el juguete detrás de ella y ordenar a Edzo «¡encuéntralo!» o «encuentra tu [pelota, hueso…]». El perro sabe dónde está el juguete, por supuesto, así que consigue encontrarlo rápidamente. Dale una golosina, dile que se siente y se quede quieto, y vuelve a empezar.

Esta vez intenta «esconder» el juguete un poco más, por ejemplo, en un rincón. Después de unas cuantas repeticiones, Edzo se dará cuenta del juego y estará listo para que lo hagas más difícil empezando a esconder el juguete fuera de su vista. Cuando tu perro sea realmente bueno en este juego, podrás dejar que tus hijos escondan cosas por toda la casa. Por supuesto, tendrás que establecer unas reglas básicas para que el juguete nunca esté escondido en un cajón, en los zapatos de papá o encima de algo que no le esté permitido a tu perro.

Mis hijos también hacen esto con el plato de comida. Cada día, uno de los niños le dice al perro que se quede mientras él va y esconde el plato. Esto hace que la hora de comer sea muy emocionante para Gordo. Le encanta correr por toda la casa en busca de su cuenco. Algunos de nuestros lugares favoritos para esconderlo han sido la ducha, detrás de la puerta del baño y en el sótano junto a la lavadora. Este juego es un gran ejercicio físico y mental para Gordo, y hace que el trabajo de alimentar a Gordo sea más divertido para mis hijos.

Croquetas de caza

Los perros han sido criados para realizar trabajos muy específicos, pero la mayoría de ellos viven una vida de ocio en nuestros hogares, donde se satisfacen todas sus necesidades sin que tengan que hacer grandes logros. A veces es bueno hacerlos pensar un poco, poner sus narices y cerebros en marcha. Una forma muy fácil de proporcionarles este tipo de ejercicio es hacerles cazar su comida. Puedes hacer que Edzo busque su cuenco de comida, como se menciona en «escondite con juguetes», o puedes omitir el cuenco por completo y hacer que busque la propia comida.

La forma más sencilla y limpia de hacerlo es que Elaine coja una cucharada de comida para perros y la arroje al patio. Luego deja que Edzo salga a buscarla. Este puede ser el juego perfecto para que un invitado joven juegue con el perro porque no requiere que interactúen mucho. Otras opciones son los juguetes que dispensan comida y que requieren que el perro descubra cómo conseguirla. Los Kongs y los Buster Cubes son dos buenas opciones. Haz que Elaine le diga a Edzo que se siente y se quede quieto y entonces ella podrá ponerle el juguete en el suelo.

Traer y jugar con dos juguetes

Cuando hablo con los niños sobre cómo jugar a buscar el juguete, les digo una y otra vez que el perro cogerá el juguete, pero no lo dejará caer. Es entonces cuando les enseño a los niños a intercambiar.

La mejor manera de enseñar a un perro a jugar a buscar es comprar dos juguetes idénticos. Dale los dos a Elaine y dile que lance el juguete n.º 1. Cuando Edzo vaya a cogerlo y empiece a dirigirse hacia ella, haz que le haga señas con el juguete n.º 2 antes de que pueda empezar su tímido juego de buscar. A continuación, dile que lance el juguete n.º 2. La mayoría de los perros dejarán caer el juguete n.º 1 y saldrán corriendo tras el n.º 2, lo que dará a Elaine la oportunidad de coger el juguete n.º 1 y estar preparada para agitarlo ante Edzo a su regreso.

No queremos que Elaine alcance el juguete que tiene Edzo. Eso solo reforzará el juego del escondite y aumentará la posibilidad de un mordisco accidental o de un comportamiento agresivo percibido.

Poco a poco, puedes empezar a ver que Edzo se acerca antes de lanzarle el juguete que tiene. Una vez que se acerque de forma amistosa, puedes ofrecerle una golosina. Si deja caer el juguete, debes pisarlo con el pie y darle una golosina antes de bajar a por el juguete. Si no cae el juguete, detén el juego inmediatamente. Edzo pronto aprenderá que es más divertido jugar con las reglas y con Elaine que perderse por completo el juego. Elaine enseña a Edzo a «dejarlo caer» ofreciéndole un intercambio.

La regla en mi casa es que los niños siempre intercambian. Si Gordo corre por la casa con uno de los peluches de Brandon, este debe cambiarlo ofreciéndole un trozo de croqueta. Los padres me preguntan si esto no es eso animar al perro a coger cosas que no le pertenecen. Tal vez, pero también está enseñando al perro a amar que los niños se acerquen a él cuando tiene algo. Dado que la protección de recursos puede ser un problema muy grave en un hogar con perros y niños, quiero que los niños practiquen intercambios seguros en todo momento. Si veo que uno de los niños intenta quitarle algo a Gordo sin intercambiarlo, el objeto apreciado sube a una estantería durante un día para que ni el perro ni mi hijo puedan tenerlo.

La regla del intercambio permanente no se aplica a los adultos, por supuesto. Puedes enseñar a Edzo a soltar las cosas cuando se lo indiques ofreciéndole un intercambio y luego, si el objeto es seguro para él, devolviéndoselo. Devolverlo es importante. Los perros corren y se esconden porque saben que no van a recuperar el calcetín sucio o la servilleta arrugada. Pero si vamos más despacio y somos generosos —ofreciendo al perro un intercambio, devolviendo el calcetín, intercambiándolo de nuevo, devolviéndolo, intercambiando una última vez y guardando el calcetín— habremos detenido por el camino un patrón de comportamiento frustrante. Así que ahora que Edzo sabe que es seguro traerte cosas, dejará caer cualquier cosa cuando se lo pidas, sin necesidad de un intercambio, con la esperanza de que esta sea una de las veces aleatorias en que le recompenses con una golosina.

Trucos

A los niños les gusta presumir ante sus amigos de lo listo que es su perro. Aquí tienes unos cuantos trucos divertidos para que Elaine entrene a Edzo: girar, inclinarse y volcarse. Todos pueden hacerse con señuelos.

Para el giro, haz que Elaine sostenga una golosina en su mano derecha y que ponga esa mano a la altura de la nariz de Edzo. Comienza a atraer al perro en un círculo. Las primeras veces, dale al perro la golosina por dar solo una parte de la vuelta, digamos un tercio o la mitad. Cuando consigas que el perro haga un círculo completo, puedes añadir una señal. A mi hijo Justin le gusta usar *spin* para los círculos en el sentido de las agujas del reloj y *nips (spin* deletreado al revés) para los círculos en sentido contrario. Di la palabra y luego atrae al perro. Pronto el perro aprenderá que la palabra clave significa que te estás preparando para atraerlo y hará el giro antes del señuelo. No te olvides de darle una gran recompensa por ello.

Para enseñar a tu perro a hacer una reverencia, haz que Elaine sostenga una golosina en su mano a la altura de la nariz de Edzo mientras él está de pie sobre sus cuatro patas. Lleva la golosina hacia el suelo lentamente. La mayoría de los perros seguirán la golosina con la nariz, pero dejarán las patas traseras rectas. Dale al perro la golosina. Una vez que Edzo haga eso de forma bastante constante, puedes empezar a pulirlo un poco, esperando a que los codos toquen el suelo o haciendo que baje también la barbilla.

A los niños les encanta que los perros se den la vuelta, pero este truco puede ser un poco más difícil de enseñar porque requiere que el perro confíe realmente en el niño. La clave es mantener la golosina cerca del cuerpo del perro. Haga que el perro se tumbe y luego mire sus caderas. ¿Está perfectamente equilibrado? A eso lo llamamos la posición de la esfinge. Si es así, puede atraerlo en cualquier dirección. Sin embargo, lo más frecuente es que el perro se apoye en una u otra cadera. En ese caso, debe hacer que el perro ruede primero sobre la cadera inferior.

Digamos que Edzo está tumbado sobre su cadera derecha. Toma una golosina comenzando por su nariz y muévela lentamente a lo largo de su cuerpo, cerca de la caja torácica del lado izquierdo. Esto le hará perder el equilibrio hacia su lado derecho. Dale la golosina. No intentes conseguir todo el comportamiento al principio, e intenta dividirlo en cuatro partes: abajo, tumbarse sobre un lado, tumbarse sobre la espalda, tumbarse sobre el otro lado. Premia al perro por sus progresos en este camino. A medida que vaya mejorando, aumenta las expectativas y recompensa solo sus mejores esfuerzos.

Cuerdas de delimitación

A los niños les gusta estar cerca de su perro, pero a menudo no quieren que el perro interfiera en lo que están haciendo. Para resolver este problema, he enseñado a Gordo a no cruzar una larga cuerda blanca y morada. Estas cuerdas son estupendas cuando los niños están jugando a un juego de mesa en el suelo, cuando quiero mantener a Gordo en la habitación conmigo si otros niños están de visita, o cuando visitamos la casa de mis suegros y queremos evitar que suba las escaleras. Son más portátiles y adaptables que las puertas para bebés, ¡y es mucho más fácil pasar por encima de ellas!

Consigue cuerdas que sean visualmente distintivas para ayudar a tu perro a notarlas. Yo compré las mías en una ferretería; tienen unos dos centímetros de diámetro y alternan bobinas moradas y blancas. Tengo dos cuerdas de dos metros y una de cuatro metros. Estas tres cuerdas pueden cubrir casi cualquier configuración de puertas o áreas abiertas.

Para entrenar al perro a no cruzar la cuerda, coloca la cuerda en el umbral de una puerta. Colócate a un lado de la cuerda con Edzo y ofrécele premios por estar cerca de la cuerda, pero sin cruzarla. Empieza a moverte más, y recompensa a su perro solo por estar a un lado de la cuerda contigo. Ahora viene la parte complicada: empezar a pasar por encima de la cuerda y premiar a Edzo por quedarse al otro lado. Hasta ahora, probablemente Edzo pensaba que esto era un juego para estar cerca de ti, no por la cuerda del suelo. Si el perro cruza la cuerda, actúa con sorpresa y horror exagerado. Levanta la cuerda del suelo y haz que Edzo vuelva a cruzar el umbral. Vuelve a colocar la cuerda en el suelo y comienza de nuevo.

Yo le digo a la gente que finja que la cuerda le va a dar una descarga eléctrica a su perro: tú quieres evitarlo a toda costa. Nunca debes enviar al perro por encima de la cuerda porque entonces estaría rompiendo la regla de ir y venir. Esto es bastante sencillo de enseñar, pero tendrás que mantener el comportamiento. En las primeras etapas del adiestramiento, si colocas una cuerda en la entrada pero no te quedas a supervisar, Edzo puede cruzar y decidir que las cuerdas no son realmente relevantes. Recuerda que la constancia es lo más importante.

Formar nuevos comportamientos

He aquí una técnica de adiestramiento un poco más avanzada, pero muy divertida de probar. El *«shaping»* es un término del adiestramiento con *clicker*. En el adiestramiento con *clicker*, se utiliza un ruido para indicar al perro cuándo ha hecho algo bien y le hace saber que se ha ganado un premio. Puede ser divertido para los niños utilizar un *clicker* u otra señal sonora (como un chasquido de lengua o una palabra especial) para premiar a Edzo por interactuar con un objeto.

Ponga algo en el centro del suelo (una caja, un balón de fútbol, un coche de juguete) y haga clic cuando Edzo muestre interés por él. Entregue su golosina justo encima del objeto. Pronto verá que Edzo interactúa cada vez más con el objeto, empujándolo con su nariz, golpeándolo con su pata, pisándolo o pasándolo por encima.

Puedes crear un plan, como premiar a Edzo por mirar el balón de fútbol, y luego aumentar la dificultad: que deba tocarlo con la nariz, luego tocarlo con fuerza para que se mueva un poco, hasta que finalmente consiga un fuerte empujón que haga rodar el balón por el suelo. O, si lo prefieres, puedes simplemente premiar cualquier cosa que Edzo haga y que te guste. De este modo, captará algunos comportamientos interesantes.

Haga lo que haga, asegúrate de utilizar un *clicker* o de chasquear la lengua para ayudar al perro a entender lo que está premiando. Haga clic en cuanto vea algo que le guste, y luego dé al perro una golosina. A veces ayuda pensar en ello como en una cámara fotográfica: está tomando una foto de lo que el perro ha hecho bien, capturando ese momento.

Resumen para los cansados

¿Demasiado cansado para leer todo el capítulo? Ve a lo más destacado.

Los años de la escuela primaria son caóticos, llenos de acontecimientos y divertidos.

Los perros ofrecen a los niños maravillosos regalos de amistad, lealtad y compañía. Anima a tus hijos a desarrollar una relación basada en la confianza y la cooperación con su perro.

Enseña a tus hijos a ver que su nivel de actividad afecta al nivel de actividad del perro.

Cuando haya niños que no sean los tuyos, aumenta la supervisión y el control para evitar problemas.

Prepara a tu perro incluyéndolo en las salidas familiares y llevándole golosinas para reforzar su buen comportamiento.

Enseña a tus hijos tres pasos para conocer a un perro desconocido: preguntar al dueño, preguntar al perro y acariciar al perro.

Los niños de esta edad son grandes entrenadores de perros. Anímales a enseñar a Edzo nuevos comportamientos.

CAPÍTULO 9
ADOLESCENTES: COMO SI LAS HORMONAS NO FUERAN SUFICIENTES

SHUTTERSTOCK

¡La línea de meta está a la vista! Estadísticamente, el riesgo de que tus hijos sean mordidos por un perro disminuye drásticamente en la adolescencia. Los adolescentes empiezan a ser conscientes de la forma en que su comportamiento afecta a los demás, por lo que pueden desactivar la mayoría de las situaciones estresantes sin tu ayuda... bueno, al menos las situaciones estresantes con perros. Es posible que tú y él aún tengáis algunos momentos tensos por delante.

A estas alturas, Tyler es lo suficientemente mayor como para responsabilizarse del adiestramiento y mantenimiento de Taffy, pero ¿tiene tiempo? Los adolescentes son personas ocupadas que ven a un perro como parte de su vida familiar, alguien a quien se alegran de ver cuando están en casa, pero en el que no piensan ni echan de menos cuando están fuera. Está bien... distanciarse de la familia es una parte normal del crecimiento.

Ten en cuenta que para un adolescente es más fácil dejar que ser dejado. Aunque a veces parezca que a Tyler no le importa mucho Taffy, eso no significa que no se sienta herido si decides abandonarla.

Relación

Para la mayoría de los adolescentes, su perro es una pequeña parte de su vida diaria, pero sigue siendo alguien en quien confían para obtener apoyo emocional. Al igual que en los años de la escuela primaria, Taffy puede proporcionar un oído comprensivo a un adolescente que está navegando por una vida cada vez más compleja. Nunca traicionará su confianza ni se preocupará por una metedura de pata social.

Este vínculo canino es más importante de lo que parece. El hogar debe ser un lugar en el que los adolescentes puedan sentirse seguros y amados incondicionalmente en un momento en el que el mundo y sus compañeros parecen juzgarlos todo el tiempo. Taffy forma parte de los cimientos que proporciona el hogar.

Aunque Tyler pueda parecer indiferente a veces, puede que simplemente esté reaccionando a tu presencia. Cuando no estás cerca, puede ser mucho más cariñoso e interactivo con Taffy. No está bien halagar a tu perro delante de la gente, pero a puerta cerrada, todo vale.

Lo más probable es que Tyler esté demasiado ocupado para responsabilizarse por completo del cuidado de Taffy. Tiene actividades extraescolares a las que asistir, trabajos que escribir y fiestas a las que ir. Está haciendo malabares con un calendario muy ocupado. Los días en los que Tyler tenga que cuidar de Taffy y tú no estés allí para recordárselo (o no quieras que te acusen de regañar), haz que la añada a su agenda o al móvil para que no se olvide.

Tyler tampoco está preparado para asumir los costes de tener un perro. Aunque tenga un trabajo, los gastos del día a día se acumulan rápidamente. Tener un animal de compañía debe ser siempre un compromiso familiar y la responsabilidad última recae en los padres.

Gestión

Cuando Taffy esté en casa con su familia no tendrá que preocuparse mucho por el manejo. Las directrices generales de la familia sobre dejar siempre que el perro se aleje y prohibir el juego brusco son suficientes. Sin embargo, cuando vengan amigos a casa, tendrá que vigilarlo cuidadosamente.

Los adolescentes me recuerdan a una manada de cachorros

Los adolescentes son muy susceptibles al «comportamiento de manada». Cuando dos o más adolescentes están juntos, es probable que sean mucho más ruidosos y físicos que cuando están solos, especialmente los chicos. Siempre están peleando entre ellos, intercambiando golpes e insultos. Si solo tienes un hijo, este nuevo y perturbador comportamiento puede preocupar a Taffy.

En teoría, Tyler debería velar por los intereses de Taffy cuando sus amigos están en casa, pero en realidad es probable que no lo haga. En su lugar, probablemente estará absorto en la interacción con sus amigos y un poco ajeno al posible malestar de su perro. Es necesario que estés al tanto de lo que ocurre. Haz que Taffy conozca a cada invitado a su llegada y luego llévala contigo a una parte más tranquila de la casa.

No te acostumbres a pedirle a Tyler que alimente o pasee a Taffy mientras tiene un grupo de amigos en casa. Es probable que el paseo no sea suficiente para Taffy. Sin embargo, si tu hijo o alguno de sus amigos parece un poco decaído, aburrido o apático, sugiérele que lleve a Taffy a un parque o a dar un largo paseo. El aire fresco y el ejercicio les beneficiará a todos y ayudará a los adolescentes a centrarse en el exterior y menos en sus propios problemas.

También es más fácil para muchas personas hablar de un problema mientras están haciendo algo que no tiene nada que ver. Al sugerir a Tyler y a su amigo que lleven a Taffy a dar un paseo «porque realmente necesita salir», puedes estar proporcionándoles la oportunidad de tener una conversación más profunda de la que habrían tenido de otro modo.

Formación

Para algunos adolescentes, llevar a un perro a las clases de adiestramiento puede ser una oportunidad para socializar en un entorno de baja presión. Uno de mis clientes favoritos era Sarah, de trece años, y Coconut, un pomerania muy tímido que adoptó. Durante meses, Sarah ayudó lenta y cuidadosamente a que Coconut se sintiera seguro y adquiriera más confianza. Durante ese tiempo, vi cambios similares en Sarah. Como tenía que ser la defensora de Coconut, se sintió más cómoda expresando sus opiniones, sugiriendo cambios y planteando nuevas ideas. Tanto Sarah como Coconut florecieron en esos meses. Sarah aprendió cosas que van mucho más allá de la clase de entrenamiento para perros.

Si Taffy necesita obediencia básica, apúntala a una clase y pídele a Tyler que la entrene. Si sus habilidades básicas son buenas, puedes considerar una clase de diversión, como agilidad, *rally-o*, estilo libre o *flyball*.

Para encontrar este tipo de clases en tu zona, ponte en contacto con los adiestradores de perros locales y consulta las guías recreativas de tu comunidad, los YMCA o los clubes 4-H. A continuación, se describen brevemente algunas de estas actividades.

Agility

El *agility* es una carrera de obstáculos canina. Tyler enseñará a Taffy a saltar a través de un neumático, a correr por un túnel y a caminar por un balancín, entre otras cosas. A medida que vayan mejorando, se les cronometrará mientras recorren el circuito.

El *agility* es una gran descarga de energía para los perros muy activos y sociables, pero también puede ser un buen estímulo para las almas más tímidas. Su perro tímido puede aprender a confiar más en ti y en sí mismo cuando prueba cosas nuevas y descubre que lo puede conseguir. El *agility* proporciona una gran conexión mente-cuerpo para los perros.

Obediencia al *rally*

La obediencia de *rally* —o *rally-o*— toma las señales de obediencia tradicionales, como sentarse, quedarse, girar y venir, y las combina de varias formas para formar recorridos desafiantes de varios pasos. La combinación de velocidad y variedad hace que este deporte canino sea interesante. Si Tyler y Taffy se apuntan a *rally-o*, verán cómo su comunicación florece y su conexión se vuelve increíblemente fuerte.

Estilo libre

El estilo libre combina la obediencia básica y el entrenamiento de trucos con la música para desarrollar una rutina coreografiada. El estilo libre se basa en la diversión, la individualidad y la demostración de la fuerte relación entre el perro y el propietario.

Ahora, antes de que empieces a decir «pero yo no bailo», déjame explicarte que el énfasis en el estilo libre está en el perro. No es necesario ser un bailarín para disfrutar de una clase de estilo libre. Cada rutina está coreografiada para mostrar los puntos fuertes de Taffy. Si lo deseas, puede servir solo de telón de fondo.

Flyball

¿Es Tyler competitivo? ¿Está Taffy obsesionado con la pelota? Si es así, el *flyball* puede ser el deporte para ambos. En el *flyball,* un equipo de relevos de cuatro perros salta sobre cuatro vallas, recupera una pelota y vuelve a saltar sobre las vallas para que el siguiente perro pueda empezar. Los equipos más rápidos pueden correr con los cuatro perros en menos de treinta segundos.

Trucos

Si ninguno de los deportes caninos organizados atrae a tu hijo, considera la posibilidad de comprar un libro o un vídeo sobre el adiestramiento de trucos. Trabajar en los trucos puede ser mucho más gratificante que la obediencia tradicional, pero te contaré un secreto: ¡las técnicas de adiestramiento son las mismas! La única diferencia es que la gente no se estresa cuando su perro tiene dificultades para aprender a arrastrarse por el suelo como lo harían si tuviera problemas para mantenerse tumbado en el suelo.

Cuando dejas de lado el estrés, el adiestramiento se vuelve divertido y las líneas de comunicación se desarrollan de forma natural. Empiezas a ver el comportamiento de tu perro con un poco más de objetividad, reconociendo el estrés o la confusión en lugar de asumir que su comportamiento nace de la terquedad. Y a la gente le encanta ver a los perros hacer trucos, así que es gratificante mostrar a los demás lo que has estado trabajando. Pídele a Tyler que desarrolle tres nuevos trucos para mostrarlos en la próxima reunión familiar.

Diversión no programada y no estructurada

El tipo de adiestramiento que Tyler realizará con mayor probabilidad será el espontáneo. Puede entrenar a Taffy para que sea portera en los partidos de fútbol del patio trasero o enseñarle a recuperar un *frisbee* o una pelota. Pueden ir de excursión, nadar o acampar juntos. O puede animarla a pasar el rato con él mientras ve una película o juega a un videojuego. Mantén una pequeña cesta con su cepillo y unas cuantas bolsas de plástico (para deshacerse de los mechones de pelo) cerca del televisor. Cepillar a Taffy es una buena manera de que Tyler siga conectado con ella y le ayudará a relajarse. El papel de Taffy durante estos años es el de proporcionar una compañía de apoyo, algo en lo que la mayoría de los perros destacan.

Resumen para los cansados

¿Demasiado cansado para leer todo el capítulo? Ve a lo más destacado.

Aunque no siempre lo demuestren, los adolescentes quieren y necesitan a sus perros tanto ahora como cuando eran más jóvenes.

Los adolescentes son más maduros y están capacitados para cuidar de un perro, pero probablemente no tengan tiempo para asumir toda la responsabilidad del cuidado del perro y, desde luego, no tienen los recursos necesarios para asumir la responsabilidad económica del mismo.

Si estás pensando en añadir un perro a tu familia cuando tu hijo menor es adolescente, considera cuidadosamente cuáles son tus planes para el «nido vacío». Elige un perro que se adapte a tu estilo de vida cuando los niños no estén.

Vigila a tu perro cuando esté con grupos de adolescentes. Son un grupo bullicioso y pueden ser incómodos para los perros.

No permitas ningún tipo de juego brusco con el perro. Y si Taffy está ansioso, no permitas ningún juego brusco en su presencia.

CAPÍTULO 10
DECIR ADIÓS: LA VIDA SIN SU PERRO

SHUTTERSTOCK

La triste realidad es que, tarde o temprano, tu familia tendrá que enfrentarse a la pérdida de tu perro. Puede que tu perro muera por enfermedad o vejez, o puede que, debido a problemas de comportamiento, tengas que buscarle otro hogar o tomar la dificilísima decisión de practicarle la eutanasia si no puede ser realojado de forma segura y responsable.

En cualquier caso, te encontrarás con discusiones difíciles con tus hijos. Todos queremos evitar que nuestros hijos sufran, así que vale la pena dedicar un poco de tiempo a pensar en cómo quieres manejar esta situación cuando llegue el momento.

«La vida de los perros es demasiado corta. Ese es su único defecto, en realidad»
Agnes Sligh Turnbull

Cuando su perro muere

Es muy importante reconocer que sus hijos sienten profundas emociones por su perro. A menudo tienen una conexión más fuerte con su mascota que con otros miembros de la familia con los que no conviven.

A los padres les puede resultar molesto ver que sus hijos a veces tienen el corazón más roto cuando muere su perro que cuando lo hizo su abuela. Pero esta intensidad emocional es normal y natural. Al fin y al cabo, el perro formaba parte de su vida cotidiana. Los recibía alegremente en la puerta cada día después de la escuela, se unía a ellos para «compartir» las verduras por debajo de la mesa y se acurrucaba junto a ellos mientras veían la televisión. Aunque querían sinceramente a la abuela, probablemente no la veían todos los días. Su ausencia se sentirá más en los cumpleaños, las vacaciones y otros momentos en los que la familia se reúne.

No minimice las emociones de su hijo diciéndole cosas como «es solo un perro» o «podemos conseguir un perro nuevo». Su perro era el amigo de su hijo, y tiene derecho a sentirse triste durante un tiempo. Sentirse triste es una parte normal del duelo. Tu hijo necesita pasar por el proceso para enfrentarse a la triste verdad y aprender a lidiar con ella. Puedes ayudar a tu hijo a superar el proceso, pero ignorarlo o quitarle importancia puede empeorar las cosas. Los estudios han demostrado que los niños a veces creen, basándose en la reacción indiferente de sus padres a la muerte de la mascota, que así es como sus padres responderían si el niño muriera. No es así como queremos que se sientan nuestros hijos.

Cómo contarle a tu hijo lo que ha pasado

Ten cuidado con sus palabras. Los niños son muy literales y les puede asustar oír que a Fritz «se lo llevaron para dormirle». Se abren imágenes inquietantes de siestas que no terminan. Los niños pueden desarrollar un miedo a quedarse dormidos y temen no volver a despertarse, y todos sabemos que el tiempo de tranquilidad cuando los niños duermen es un bien muy preciado para los padres: ¡no lo convirtamos en algo aterrador!

Di la verdad con palabras que su hijo pueda entender. Ten en cuenta que las evasivas suelen ser contraproducentes. Tarde o temprano le sorprenderá una pregunta para la que no está preparado.

Es muy peligroso decir una mentira fácil a un niño mayor. Fritz no se ha escapado. Si le dices a tu hijo que lo hizo, estará buscando al perro para siempre, en cada esquina, en cada campo de fútbol, mucho más allá de su vida normal. Su hijo también puede estar resentido por no haber buscado más a Fritz. ¿Por qué no pones carteles? ¿O visitas los refugios locales? ¿Por qué no pides a los vecinos que te ayuden a buscar? Si tu hijo piensa que no le importas lo suficiente como para buscar a su perro perdido, podría incluso empezar a sentir que los perros son desechables.

Tampoco existe una granja mítica donde todos los perros corren libres. Por mucho que algunos quisiéramos que eso fuera cierto, no lo es y abre un montón de preguntas sobre dónde está la granja y por qué no se puede ir a visitar a Fritz a la granja.

Lo mejor es responder a las preguntas de tu hijo con sinceridad, ofreciéndole solo la información que esté dispuesto a escuchar. Hazle preguntas a tu hijo para ver lo que piensa y siente.

Parte de lo que diga dependerá de sus creencias personales. ¿Los perros van al cielo? Esto me recuerda una famosa cita de Will Rogers: «Si no hay perros en el cielo, entonces cuando muera quiero ir donde fueron ellos». Decide con qué te sientes cómodo y díselo a tus hijos. Los niños aceptan las respuestas que se dan con autoridad.

Intenta decirles a tus hijos algo así: «Fritz estaba viejo y enfermo. Aunque todos le queríamos mucho, no podía mejorar. Su cuerpo estaba demasiado enfermo. Así que lo llevamos al médico y le pedimos que le diera a Fritz una medicina que le ayudara a estar más cómodo mientras su cuerpo fallaba. Mamá se quedó con él durante un tiempo hasta que Fritz murió, y ahora Fritz está correteando por el cielo haciendo todas las cosas que le gustaba hacer cuando no estaba tan viejo y enfermo».

Lo difícil es decir eso y nada más, a menos que el niño pida más detalles. Escucha atentamente las preguntas de tu hijo y contesta solo lo que te ha preguntado.

Asegúrate de informar a los profesores y a los cuidadores de tus hijos para que estén atentos a cualquier cambio de comportamiento.

Diferentes edades, diferentes emociones

Los niños afrontan las cosas a su manera. Algunos niños se enfadarán y se enfrentarán, pero nunca admitirán que están tristes. Otros llorarán y querrán hablar de Fritz todo el tiempo cuando tú solo quieres seguir adelante. Algunos ocultarán sus sentimientos e insistirán en que están bien.

Comprueba todos los días cómo lo manejan tus hijos. Es fácil centrarse en la niña que era la mayor amante de los perros, pero no es la única que está pasando por un bache emocional. Su hermano, que nunca pasó mucho tiempo con Fritz, pero que aún así lo despeinaba todos los días al volver del colegio, también echará de menos al perro, al igual que su hermana, a la que le gustaba acariciar las suaves orejas de Fritz mientras veía la televisión. Cada niño tenía una relación única con Fritz y estará de luto de forma individual.

Prepárate para hablar de lo sucedido una y otra vez. Cuando murió el perro de una amiga, me ofrecí a prestarle mis hijos. Ella me preguntó: «¿Porque podrían distraerme?». «No», le contesté, «porque te harán contar la historia una y otra vez hasta que finalmente seas capaz de hablar de Sierra sin llorar». Puede ser una terapia extremadamente dolorosa, pero efectiva.

Los niños también pueden buscar algo bueno en una situación triste. A los siete años, uno de mis hijos dijo: «Me alegro de que Midas haya muerto. Ahora podemos tener un perro negro». ¡Ay! Tuve que recordarme a mí misma que solo estaba tratando de procesar lo que había sucedido y estaba buscando un lado positivo desde el punto de vista egocéntrico de un niño.

Cuando su perro no puede quedarse en su casa

La situación es mucho más difícil cuando decides que su perro necesita un nuevo hogar. A menudo esto se debe a que, por una u otra razón, tu perro no se siente cómodo viviendo con niños.

¿Cómo se lo explicas a tus hijos de forma que no se sientan juzgados? Los niños creen que el mundo gira en torno a ellos, así que hay que tener mucho cuidado para que no acaben culpándose de que Fritz haya tenido que irse. Es un tema muy delicado.

Suele ser mejor hablar de lo que Fritz necesitaba, sin entrar en los motivos por los que no podía conseguirlo en su casa. Podrías decir algo como: «Fritz necesitaba un hogar donde no sintiera que tenía que gruñir por la basura» o «Fritz necesitaba una familia que le diera mucho, mucho ejercicio».

Los niños mayores se darán cuenta de la otra cara de estas afirmaciones —que tú y tu familia no podéis proporcionar el hogar que Fritz necesita—, pero debes esforzarte por no decirlas. Las palabras a veces son difíciles de olvidar. En su lugar, recuérdales a los niños que toda la familia quiere mucho a Fritz y desea lo mejor para él. Asegúrales que, aunque ellos siempre querrán a Fritz y él siempre los querrá a ellos, hay una familia maravillosa que busca un perro como Fritz y que estará bien cuidado. O puedes decir que un grupo de rescate está ayudando a encontrar a Fritz un hogar «donde pueda… [lo que sea]».

Si es posible, dales a tus hijos la oportunidad de despedirse antes de que Fritz se vaya. Será difícil, pero hacerlo les ayudará a afrontar un poco mejor la dolorosa realidad.

Formas de decir adiós

Impartimos una clase para perros ansiosos, y a menudo les digo a los alumnos que no podemos eliminar el estrés de la vida de sus perros. Lo único que podemos hacer es darles las herramientas necesarias para afrontar el estrés. Del mismo modo, su familia debe encontrar la manera de despedirse de su perro. Estos rituales de despedida ayudarán a sus hijos a procesar sus emociones y les darán un propósito, algo que hacer.

Aquí tienes algunas ideas que pueden ayudarte a empezar:

- Crea un álbum de fotos de Fritz y los niños. Incluye también los dibujos que hayan hecho tus hijos.
- Pon en un peldaño de la escalera de tu jardín el nombre del perro (y si puedes las huellas de sus patas). Algunas personas también incrustan la placa de identificación de su perro en la piedra. A tus hijos también les puede gustar poner las huellas de sus manos (o de sus pies).
- Guarda algo que pertenezca al perro. Puedes poner un juguete de perro en una estantería y decirles a los niños que estamos guardando el juguete chirriante

favorito de Fritz porque nos recuerda cómo solía correr por ahí chirriando sin parar todo el tiempo.

- Planta un árbol o un arbusto en su honor.
- Algunos niños mayores estarían dispuestos a donar la ropa de cama, los juguetes y la correa del perro a la protectora de animales local «porque queremos que otra familia tenga un gran perro como Fritz».
- Entierra a tu perro (si las ordenanzas locales lo permiten) o incinéralo y esparce sus cenizas en un lugar especial.

No hay una forma perfecta de despedirse, y nada hará que hacerlo sea fácil. Tienes que pensar en lo que más ayudará a tus hijos y tratar de proporcionárselo. Habrá días buenos y días malos, pero poco a poco el dolor se irá calmando. El amor y los recuerdos felices permanecerán.

Cuándo tener otro perro

Y ahora volvemos al punto de partida… ¿debemos tener un perro? Todas las preguntas que se plantearon en el capítulo 2 vuelven a ser pertinentes.

Una pregunta se hace más pertinente cada año que pasa: ¿quieres un perro? Los adolescentes tienen una vida muy ajetreada y a menudo no tienen tiempo para proporcionar todos los cuidados que requiere un perro. Pronto volarán del nido y solo dejarán en casa a Lucky para pasar la próxima década contigo. Elige un perro que se adapte a tu estilo de vida porque pasaréis mucho tiempo juntos.

Conseguir un perro cuando su perro es sénior

¿No quieres volver a casa y encontrarte con una casa vacía? Entonces es posible que quieras conseguir otro perro antes de que tu perro muera. Como una vez le supliqué (con éxito) a mi madre, es un «perro de compañía», no un «perro de reemplazo».

Considera si esto es justo para su perro actual. ¿Tiene la energía y la capacidad de recuperación necesarias para soportar la presencia de un nuevo perro en la casa? ¿El nuevo perro le dará una nueva oportunidad de vida o solo lo irritará en su vejez? Si su perro tiene problemas de salud, como la artritis, pregunte a su veterinario si un nuevo perro supondría una carga excesiva para su salud. Los problemas de salud no tienen por qué descartar la incorporación de otro perro a la familia. ¿Quizás un perro adulto sea más adecuado que un cachorro revoltoso?

Un adiestrador de perros profesional también puede ayudarle a evaluar el temperamento de un perro para ver si se adapta bien a su familia, tanto canina como humana.

Cómo conseguir un perro después de su muerte

Considera la posibilidad de esperar un tiempo. Toda la familia puede necesitar un poco de tiempo para llorar y adaptarse.

Es tentador salir corriendo a buscar otro perro para llenar ese hueco en el corazón. Pero tened en cuenta que el nuevo perro no es vuestra querida mascota. No estará a la altura de Fritz. Cada vez que Lucky haga algo diferente, le recordará continuamente a Fritz.

El vínculo con un nuevo perro puede ser especialmente difícil cuando se adquiere otro de la misma raza. El aspecto de Lucky puede recordar a Fritz, pero su comportamiento no. Y para ser justos, Fritz tuvo muchos momentos realmente difíciles a lo largo de los años, pero si ya era mayor cuando murió, esos momentos fueron hace tanto tiempo que puede que hayas olvidado lo malo y solo recuerdes lo bueno.

Cuando estés preparado para abrir tu casa y tu corazón a otro perro, tienes que decirte a ti mismo que solo vas a empezar a buscar, que aún no tienes pensado tener un perro. Investiga. No te sientas apurado. Entonces, un día, una cara dulce capturará tu corazón y no podrás imaginar tu hogar sin ese perro. Ese es el mejor momento para conseguir otro compañero.

Resumen para los cansados

¿Demasiado cansado para leer todo el capítulo? Ve a lo más destacado.

Por mucho que nos guste, no podemos proteger a nuestros hijos de la muerte, y a menudo la muerte de una mascota es su primer encuentro con ella.

Tus hijos tendrán emociones muy profundas sobre su perro... y puede que no sean capaces de articularlas.

No minimices la respuesta emocional de tu hijo ni le digas que debería sentirse de forma diferente a como se siente.

Sé sincero con tus hijos, pero no les abrumes con información detallada. Responde a las preguntas que le hagan y hazles preguntas a su vez.

Es muy común que los niños se culpen a sí mismos. Elige tus palabras con cuidado, especialmente si no pudiste quedarte con Fritz por problemas de comportamiento.

Ayuda a tus hijos a despedirse. Los rituales alivian el dolor y promueven el diálogo y la curación.

Considera cuidadosamente el mejor momento para añadir otro perro a tu vida. Intenta resistir el impulso de salir corriendo a comprar otro perro de inmediato.

BIBLIOGRAFÍA

SHUTTERSTOCK

Before and After You Get Your Puppy de Ian Dunbar. La información contenida en estos libros (se publican por separado y juntos) es la que todo adiestrador querría decir a las familias antes de que adquieran un perro. Está disponible como descarga gratuita en www.siriuspup.com.

Bones Would Rain from the Sky, Suzanne Clothier (Warner Books, 2002). Todos esperamos desarrollar relaciones profundas y significativas con nuestros perros. Este libro explora ese deseo.

Click for Joy, Melissa Alexander (Sunshine, 2003). Este libro, escrito en formato de preguntas y respuestas, es una gran introducción al adiestramiento con *clicker*.

Help for Your Fearful Dog, Nicole Wilde (Phantom, 2006). Es triste tener un perro que se preocupa todo el tiempo. Este libro está lleno de esperanza y sugerencias prácticas para ayudar a su perro a tener más confianza.

Housetraining For Dummies®, Susan McCullough (Wiley, 2002). Hay muchas variables que pueden complicar el adiestramiento en casa. Este libro las trata con detalle.

How to Teach a New Dog Old Tricks, Ian Dunbar (James & Kenneth, 1996). Repleto de información expuesta con tanta claridad que te golpearás la frente y dirás: «¿Por qué no se me ocurrió a mí?».

Mío: A Practical Guide to Resource Guarding in Dogs, Jean Donaldson (Kinship Communications, 2002). La vigilancia de los recursos es un problema muy serio. Este libro esboza un programa de modificación del comportamiento que requiere mucho trabajo y está científicamente fundamentado.

The Other End of the Leash, Patricia McConnell (Ballantine, 2004). Este libro amable, divertido y científico explora cómo el comportamiento humano (con todas sus peculiaridades) afecta al adiestramiento de los perros.

The Power of Positive Dog Training, Pat Miller (Howell, 2001). Este libro, escrito por el editor de adiestramiento de *Whole Dog Journal,* está repleto de buenos consejos de adiestramiento y de muchas cosas que pueden gustarle a su hijo adolescente (o a su hijo de primaria loco por los perros).

Senior Dogs For Dummies®, Susan McCullough (Wiley, 2004). Todos tenemos necesidades especiales cuando envejecemos. Los perros no son diferentes. Aprende a ayudar a tu perro con los retos propios del envejecimiento.

Toolbox for Remodeling Your Problem Dog, Terry Ryan (Howell, 1998). Terry Ryan es un solucionador de problemas creativo y comprometido con los métodos de adiestramiento en positivo. Sus libros están llenos de ideas prácticas e innovadoras.

Whole Dog Journal. Sencillamente, la mejor publicación periódica que existe. Probablemente sea más detallada de lo que la mayoría de los dueños de mascotas quieren, pero si eres un verdadero loco de los perros, añádela a tu lista de deseos para tu cumpleaños. Se alegrará de haberlo hecho.

Este libro se terminó de imprimir en el mes de octubre de 2022
en QP Quality Print Gestión y Producción Gráfica, S. L.
Molins de Rei (Barcelona).